DELIUS KLASING

Christel Rürup

Liebe inklusive

Zu zweit allein zum Mittelmeer

Delius Klasing Verlag

Die Deutsche Bibliothek – CIP-Einheitsaufnahme

Rürup, Christel
Liebe inklusive: zu zweit allein zum Mittelmeer /
Christel Rürup. – 1. Aufl. –
Bielefeld: Delius Klasing, 1999
ISBN 3-7688-1148-4

1. Auflage
ISBN 3-7688-1148-4

Schutzumschlaggestaltung: Ekkehard Schonart
Illustrationen (einschl. Titelmotiv): Janne Poelz
Satz: Fotosatz Habeck, Hiddenhausen
Druck: Clausen & Bosse, Leck
Printed in Germany 1999

Delius Klasing Verlag, Siekerwall 21, D-33602 Bielefeld
Tel.: 0521/559-0, Fax: 0521/559-113
e-mail: info@delius-klasing.de
http://www.delius-klasing.de

»Fürchte dich nicht vor dem langsamen Vorwärtsgehen, fürchte dich nur vor dem Stehenbleiben.«

Chinesisches Sprichwort

Wind auf dem See – inmitten der Stadt – die letzten Segler kommen zurück. Das Grün der Bäume wird dunkel. In den weißen Villen mit Türmchen, Säulen und Erkern zünden gute Geister die Lichter an. Im Club an der Alster beginnt der Tanz. Der Herr im Smoking schiebt die Hand unter der lose hängenden Bluse auf dem Rücken seiner jungen Tanzpartnerin tastend nach oben. Trägt sie einen Büstenhalter?

Meine Frau tut das nie, sie hasst diese Dinger, wie sie sagt. Sie hat es auch nicht nötig. Nur bei leichter Kleidung sieht ein gehobener Busen viel schöner, viel wirkungsvoller aus.

Warum nur fällt mir dabei unsere große Segelreise vor ein paar Jahren ein? Ach, wegen des fehlenden BHs natürlich . . .

✲

Unsere Tour begann am 3. April in Glückstadt an der Elbe und wir genossen das Aprilwetter in vollen Zügen. In der Kategorie Kleidung hieß das: warme Unterwäsche, Faserpelz und dicker Segeloverall. Da brauchte Erika wirklich keinen BH. Wir trugen wochenlang Jeans, Rolli und dicke Pullover, denn wir schipperten quer durch Deutschland und Frankreich. Erst in Südfrankreich, als wir von der Rhône in die Petit-Rhône einbogen, konnten wir unsere Allwetterkleidung ablegen und uns sonnen, geschützt gegen Wind und Blicke. Aber Mitmenschen schien es hier kaum noch zu geben.

Erika präsentierte sich erst im Bikini, ich zog ihr das Oberteil aber nach kürzester Zeit aus, denn ich liebe braune Brüste. Also: Auch hier war kein BH nötig. Das Höschen wurde dann auch noch entfernt, denn ich liebe braune Körper streifenfrei. Der Leser braucht nicht viel Fantasie, um sich vorzustellen, was an diesem ersten sonnigen, einsamen Tag noch Wunderschönes passierte.

Aber lassen wir Erika selbst erzählen . . .

✲

Unsere Kinder waren 19 und 17 und unser von allen geliebter, großer, schwarzbrauner Hund war 14 Jahre alt, seit drei Jahren blind, tüdelig und schwach. Unsere Tierärztin bereitete uns schon zum xsten Mal darauf vor: »Er lebt höchstens noch wenige Monate.«

Vor eineinhalb Jahren hatte es beim gemeinsamen Abendessen und nach vielen weiteren gemeinsamen Abendessen begonnen. Nach endlosen Gesprächen beschlossen vier Menschen, die Lebenswege in neue Richtungen zu drehen. Doch der kraftlose Hund lag unter dem Esstisch und hörte zu. Dann und wann stöhnte er und wir hörten ihn sagen: »Euch werde ich es zeigen.« Er rappelte sich immer wieder auf und lebte noch ein Jahr mit uns zusammen. Wir verschoben unsere Reise um dieses eine Jahr. Er hatte uns all die Jahre viel Freude und Sicherheit gegeben, es stand ihm einfach zu!

Kuno hat mich unermüdlich vor Handwerkern und Briefträgern beschützt, die annahmen, einfach in unseren Garten kommen zu dürfen. Den Mitschülern von Richard und Andrea hat er gezeigt, dass seine beiden Schützlinge unantastbar sind, und uns alle vier hat er vor einem

Einbrecher bewahrt, der unsere Terrassentür schon mit einem Glasschneider angeritzt hatte. Mit Wut und Anlauf ist Kuno damals durch die Scheibe gesprungen und hat den Dummlack gleich bis über den Gartenzaun geschickt. Vor lauter Empörung konnte Kuno nicht bellen, wir wurden erst durch das Klirren des Glases wach und beim Verbarrikadieren der Tür mit Brettern glaubten wir, noch den rasenden Puls und das pochende Herz des Bösewichtes zu hören. Kuno trug nur einen kleinen Glassplitter in der Pfote als kurzfristige Erinnerung davon. Freude hat er den Kindern auch beim Schlittschuhlaufen auf Omis Teich bereitet: Ein Kind durfte sich an seinem Schwanz festhalten und er zog es in S-Kurven über das Eis. Im Sommer zeigte er dagegen seine Vorliebe für unser aufblasbares Beiboot – meist wohl aus dringenden drängenden Gründen! Wir segelten damals *Charly IV*, die schwangere Carter 33, dickbäuchig durch die beiden Lotsenkojen rechts und links, von Maasholm aus auf der Ostsee. Robert holte immer wieder den Blasebalg aus der Backskiste, breitete das Schlauchboot auf Deck aus, begann aufzublasen, während Kuno schon erwartungsvoll blickend mitten auf dem platten Gummi stand. Mit viel Überredungskunst unsererseits wartete er, bis das fertige Boot im Wasser aufschlug, duckte sich unter die Reling und, jede Steuerung einschaltend, sprang er als Erster ins wackelige Boot, sagte: »Ich bin bereit, nun rudert mich mal ganz schnell an Land!«

*

Robert braucht Freiheit. Ich brauche Einsamkeit. Andrea braucht Herausforderungen. Richard braucht Unterhaltung.

Die Lösung dachten wir uns so: Robert segelt, wohin er will. Ich finde Zeit für mich selbst. Andrea soll neue Leute, Lehrer und Lehrbücher kennen- und meistern lernen. Richard lässt sich gern in einen interessanten, anspruchsvollen Menschenkreis integrieren.

Im Klartext sah es so aus:

Robert und ich fuhren mit unserem Boot – einer Freedom 35 (zwei freistehende Masten, Kat-getakelt, Kielschwerter mit einem Tiefgang von einem Meter plus 1,2 Meter Ballastschwert, 1,2 Tonnen schwer, mit einem Vetus Mitsubishi 4-Zylinder-Dieselmotor und 33 PS, ca. 10,65 Meter lang und 3,55 Meter breit, aufgeteilt in Salon mit Pantry und zweimal-zwei Betten-Schlafkabinen, dazu

Toilettenraum mit Waschbecken) – über Flüsse, Kanäle, Meere in warme und immer noch wärmere Gewässer und Gegenden.

Andrea und Richard, unsere Kinder, suchten sich ein Internat in Schleswig-Holstein nach ihren Wünschen aus.

Die Zusage des Geschäftspartners auf Arbeitsteilung in der Firma war eine unabdingbare Voraussetzung. Es wurde verabredet, dass geschäftlich alles genauso weiterlief wie bisher. Nur ohne uns. Im folgenden Jahr würden wir dann ohne ihn arbeiten.

Die Reiseroute nahm schnell konkrete Formen an:

Anfang April des folgenden Jahres wollten wir in See stechen, das heißt erst einmal ins Land, genauer: Die Masten des Segelschiffes sollten solange flach auf das Deck gelegt und das Boot mit zwei Fahrrädern bestückt werden, bis wir das Mittelmeer erreicht haben.

Wir wollten die Elbe hinauf, in den Elbeseitenkanal, durch das Schiffshebewerk Scharnebeck, in den Mittelland- und den Rhein-Herne-Kanal, durch Rhein, Mosel, Canal de l'Est, Sâone, Rhône und die Camargue bis Sète unter Motor fahren, um dann im Mittelmeer unter Segeln ein Stück Südfrankreich kennenzulernen.

Dann nach Spanien. Danach wollten wir die Weltmeere unsicher machen. Falls sie uns nicht unsicher machten, wollten wir ein Jahr wegbleiben.

Man wird sehen.

Andrea und Richard sollten in den Schulferien jeweils nachkommen. Die Zeit vor der Internatsübersiedlung war von Nervosität beherrscht, trug gleichzeitig aber auch eine unheimliche Ruhe in sich. Aber es war auch eine eigenartige Zeit des Zweifels: Machen wir es richtig oder wenigstens nicht falsch?

✲

Mein erstes Gedicht an meine Kinder:

Glaubt es mir
Es ist nicht leicht.
Es ist sehr schwer.
Es ist, als nehme man
das Wasser aus dem wogenden Meer.
Doch etwas bleibt
bei mir wie auch beim Meer.
Es ist der Sand.
Mutter Erde.

✲

Die Zeit der intensiven Vorbereitung beginnt.

Andrea und Richard sind im Internat und – wie ich glaube – recht zufrieden. Robert bastelt und tüftelt am Schiff: Gasschlauch verlegen, Gasboiler aus Bad entfernen, Windselbststeueranlage und Abwassertank einbauen, Motor anheben lassen und so weiter. Er beschäftigt sich mit der Astronavigation, kauft Seekarten, einen Sextanten und will jetzt mit einem befreundeten Kapitän üben. Ach, der Sextantenkauf war köstlich!

Anzeige: *Sextant gesucht! Telefon: 8059...*

Ein Ausländer ruft an und bietet seine Dienste an: »Ich Sextant.« Ich frage nach den Kosten. Er: »Preis müssen du doch sagen!«

Ich habe einen Französischkurs belegt und muss dafür auch täglich üben.

*

Robert und ich haben leichte Beziehungsschwierigkeiten. Da wir zur Zeit keine Kinder zu erziehen haben, versuchen wir es wechselseitig bei uns selbst . . .

Also, das muss sich auf jeden Fall beruhigen! Und nach ein, zwei Wochen wird die Beziehung wunderbar; zu zweit allein im Haus, können wir uns zwischen den ausgebreiteten Seekarten, Reiseführern, Wasserstraßenkarten, der Gebrauchsanweisung für AP-Computer und den Michelin-Führern für gutes Essen in Frankreich und Spanien am frühen Abend oder sogar auch mittags im Wohnzimmer ungehindert auf dem Teppich lieben. Niemand wird unverhofft die Türe öffnen. Der Gedankenaustausch ist so erfreulich – überreichlich – überschwenglich – interessant.

Robert erzählt, dass er heute beim Schiff in Glückstadt war. Es liegt dort im Winterlager. Er hat die Mastlöcher ausgemessen, sie müssen noch gegen Regen und Spritzwasser abgedeckt werden. Die Konstruktion ist schon entworfen. Dafür gibt es von mir einen Kuss – weich und warm, denn ich bin stolz auf meinen planenden Mann.

Ich erzähle, dass ich heute beim Arzt vorsorglich Medikamente bestellt und die Anmeldung für die Schutzimpfungen erledigt habe. Dafür gibt es von Robert einen Kuss – fest und fordernd, denn er freut sich, wenn wieder etwas erledigt ist und es Schritt für Schritt weiter geht.

Für mich ist der nächste Schritt eine Woche Segelschule in Glücksburg.

Meine Erwartungen an meine Ausbildung sind: selbstständigeres Handeln, besseres Einschätzen von Situationen, ohne Befehle und aus eigenem Können an- und ablegen – ohne fremde Hilfe unvorhergesehene Schwierigkeiten meistern.

Diese Schultage waren dann auch ein spezielles Erlebnis für mich, denn viele, viele Jahre war ich ein komfortables Leben und Wohnen gewohnt. Auch auf Reisen.

Mein erster Eindruck war: Hier komme ich in eine Heilanstalt oder zur Entziehungskur.

Zimmer 25: vier Kojen, lange Gänge, Toiletten und Waschräume auf dem Flur, 18 Uhr Essen im Speiseraum bei »Wache 2«, Jugendherbergstee, Milch, Brot und Aufschnitt, Bettwäscheausgabe im Anstehverfahren, Durchsagen aus Lautsprechern (bin ich vielleicht bei der Bundeswehr gelandet?), Männer in der Überzahl, im Alter zwischen 30 bis 60 Jahren, alle waren bis jetzt Charterer oder Hand-gegen-Koje-Mitsegler, 7 Uhr wecken durch Gong und Lautsprecher: »... Reise – Reise...!«, Punkt 8 Uhr glasen und Flaggen hissen, dann erst Frühstück.

Ich habe Angst, zu blöd zu sein, denn die jüngeren Leute tun so, als könnten sie alles. Reden immer von »Halse« und »halben Winds«, doch sie kennen alles nur theoretisch, praktisch haben sie vom Segeln wenig Ahnung. Schon am Nachmittag wird mein Selbstvertrauen wieder hergestellt, da ich gute Aufschießer und Anleger lässig fahre. Während und nach dieser Woche fühle ich mich wesentlich jünger, als ich bin.

Fressstress beim Essen und ein Brief für »Erika vom Ehemann«. Während des Mittagessens im Saal in Anwesenheit von 100 Personen ausgerufen – ich glaube, ich bin sogar rot geworden. Der Brief musste beim Gruppenleiter abgeholt werden. Meine Freude war groß.

Eine Frau war in meiner Gruppe, die eine Yacht auf der Schlei liegen hatte. Dorthin nahm sie mich und drei Männer unseres Kurses mit: »Zum Bierchen beim Abendrot.« Einem der Männer zeigte sie das Vorderschiff etwas genauer. Mir erzählte sie am nächsten Morgen: »Das war wunderbar gestern abend! Wunderbar!« Es gefiel ihr, wie er sie küsste. Seine Zunge erinnerte sie an eine

Schlange. Ihr gefiel auch, wie er sie anfasste: mit einer Hand, mit diesem kurzen, wissenden Griff an ihren Busen, während er mit der anderen einmal flüchtig über ihren Po strich.

✲

August. Nur noch sieben Monate bis zur Abreise.

Es ist doch sehr einsam den ganzen Tag im Haus allein. Mir fehlen die Kinder. Ich denke fast unentwegt an sie, obwohl keine Langeweile aufkommt:

Montag:	Haushaltstag mit Putzen.
Dienstag:	Französischkurs.
Mittwoch:	Gymnastikkurs.
Donnerstag:	Arztbesuche und Einkäufe.
Freitag:	Kuchen backen

Unser Wochenendkuchen soll uns auf Frankreich einstimmen:

Tarte aux abricots	**Aprikosentorte**
250 g de farine	250 g Mehl
1/2 paquet de levure	1/2 Paket Hefe
125 g de beurre	125 g Butter
1 pincé de sel	1 Prise Salz
1 cuillerée à soupe de sucre (25g)	1 Esslöffel Zucker
5 cuillerées à soupe d'eau	5 Esslöffel Wasser
1 grande boîte d'abricots	1 große Dose Aprikosen
quelques cuillerées de confiture d'abricots	einige Löffel Aprikosenkonfitüre

Mélanger la farine et la levure avec le beurre, le sel, le sucre et l'eau.
Vermenge das Mehl und die Hefe mit Butter, Salz, Zucker und Wasser.
Laisser un peu reposer le pâte au frais.
Lasse den Teig ein wenig kalt ruhen.
Chauffer le four à 250 °C.
Heize den Backofen auf 250 °C.
Etendre le pâte avec un rouleau et la piquer avec une fourchette.
Breite den Teig mit einer Rolle aus und stich mehrfach mit einer Gabel hinein.
Mettre 3 cuillerées à soupe de sucre sur le pâte.
Streue 3 Esslöffel Zucker über den Teig.
Mettre les fruits.
Lege die Früchte darauf.
Faire cuire environ 25 minutes.
Backe ungefähr 25 Minuten.
Etendre la confiture sur la tarte chaude.
Verteile die Konfitüre auf dem warmen Kuchen.
Bon bon.
Guten Appetit.

Samstag und Sonntag: Üben. Französische und englische Vokabeln auffrischen, auf dem Computer den Kurs bestimmen, mit dem Sextanten die Sonne auf den Nachbardachsims holen.

Wir sind fast schon zu VIPs geworden. Jeder will noch einmal »vorher« mit uns geplaudert haben, Details über den Törn hören. Besonders auffällig sind Einladungen zum Samstagabend, die wir zu diesem Zeitpunkt reichlich erhalten. Ich kann allen Leuten, die glauben, zu wenig Interesse oder zu selten Einladungen und Zuwendung von Familie, Freunden und Bekannten zu erhalten, nur raten: Erzählt von eurer bevorstehenden Weltumsegelung! An den Fantasien, den Plänen, den gedanklichen Spinnereien sind Außenstehende viel mehr interessiert als an den Fakten. Denn jeder möchte seine eigenen Ideen einbringen. Wir scheinen zu bunten Paradiesvögeln geworden zu sein.

Paradiesvogel Erika fuhr dann eines frühen Morgens mit der S-Bahn von Blankenese in die Innenstadt, um Reiseführer für das Elsass, die Vogesen, die Champagne und die Provence zu kaufen, denn die Sehenswürdigkeiten an den Ufern der Wasserstraßen sollen unbedingt besichtigt werden. Zurück kam ich mit Karten von Deutschland, Frankreich und Spanien, damit wir die Fahrräder und selbstverständlich auch die guten Wanderschuhe nicht unbenutzt wieder nach Hause brächten. Auch Leihautos waren im Gespräch.

Abends erzähle ich Robert mein S-Bahn-Erlebnis, ein amüsanter Film, der lange noch vor meinem inneren Auge strahlen wird:

»Es ist schummerig. Ich schaue der ausfahrenden Bahn nach und in die erleuchteten Abteile. Es sind nur noch wenige Menschen im Zug. In der 1. Klasse sehe ich ein Paar im Alter zwischen 50 und 60 Jahren, ziemlich bieder angezogen, wie Büroangestellte der Friedhofsverwaltung Ohlsdorf, denke ich. Die beiden sitzen sich gegenüber und küssen sich so intensiv, dass ich fast vergesse zu atmen. Ich sehe gerade noch, dass ihre Hände sich eindeutig auf fremdem Terrain bewegen. Viel zu schnell verschwinden sie aus meinem Blickfeld . . . «

✲

Jeder Pfennig wird ins Boot gesteckt. Das Geld ist zur Zeit knapp, da das teure Internat für zwei Kinder bezahlt werden muss. Trotzdem wird ein neuer Wasserkessel gekauft, da der alte aus Aluminium ist und offenbar mit »Certisil« (einem keimtötenden haltbarmachenden Mittel für unser Trinkwasser) nicht harmonierte. Das Wasser schmeckte immer faul. Außerdem brauche ich seit Wochen einen neuen Haartrockner. Aber erst muss unbedingt eine flexible Kupplung für den Motor angeschafft werden, sagt Robert. Da er während unserer Reise eigentlich ständig mit Sonne und warmem, nein heißem Wetter rechnet, baut er begeistert – während langer Bastelstunden im Keller – an einem Regenwasserauffangtank mit gleichzeitiger Luftdruckdusche. Der Plastikkanister wird dann noch schwarz angesprüht, das Wasser wird dadurch schneller warm und hält die Temperatur länger.

Andrea und Richard signalisieren aus ihrem Internat: »Wir haben immer Durst. Durst zwischendurch!«

Richard klagt: »Ich habe nie genug Geld!«

Ich lege in die Pakete mit Bettwäsche, Pullovern, Unterwäsche und so weiter auch ein paar Getränkedosen mit hinein. Auch mal eine Süßigkeit, einen Fruchtquark, eine Illustrierte und heimlich einen Zehnmarkschein.

Die Zeit rast. Auch mir als »arbeitsloser Mutter« verfliegen die Tage wie Dunstwolken. Aufpasser für Haus und Hof sind gefunden, Familie Grumo, unsere Nachbarn von der gegenüberliegenden Straßenseite – eine ideale Lösung. Sie werden auch mit meiner treuen Haushaltshilfe bekannt gemacht, denn Irene wird alle zwei Wochen die Fenster öffnen, putzen und lüften.

Ich beginne anhand eines schriftlichen Planes Punkt für Punkt zu erledigen: Ich telefoniere mit Konsulaten. Braucht man für Spanien und Marokko Visa? Ich erkundige mich nach notwendigen Impfungen. Hepatitis A wird empfohlen. Tetanus und Kinderlähmung müssen aufgefrischt, Malariatabletten sollen mitgenommen werden.

Robert zwingt unseren Arzt, ihm eine »Riesenspritze – Spezialanfertigung« zu verabreichen, mit allen nötigen Impfungen als einmaligem Cocktail, denn getrennte Spritzen sind für Robert zu zeitintensiv und das Zumarztrennen erst recht.

»Überflüssig und zu teuer!«

Das Ergebnis: Roberts schöner kleiner Po ist die nächsten Tage einseitig geschwollen und hart; ich glaube, er schmerzt auch sehr; aber schnell ging es!

An Medikamenten besorge ich: Schmerztabletten, krampflösende und fiebersenkende Zäpfchen, Mundheilsalbe, Pilzsalbe für Hände, Füße und den Intimbereich, Gel gegen Blutergüsse, Insektenstiche und Sonnenbrand sowie einen Erste-Hilfe-Kasten.

✲

Dann ist es plötzlich Ende Januar und unser Hund schaut den Vorbereitungen aus dem Hundehimmel zu. Ich glaube, dort oben hat er seine Sehkraft wieder.

An meinem Durchhaltevermögen zweifle ich mittlerweile, denn nach einer viertägigen Autotour, die ich mit Robert aus geschäftlichen Gründen absolviere, Straßenkarten lese, in Hotels schlafe, meschugge im Kopf und müde bin, denke ich immer: Hoffentlich sind wir bald wieder zu Hause, damit ich in mein eigenes Bett kann. Und bloß nicht das kleine Zelt vergessen für den Törn, damit ich mal ein paar Stunden oder ein bis zwei Nächte an Land schlafen kann!

Eine leichte Panik beschleicht mich jetzt manchmal, denn es kommen immer wieder neue Probleme. Einmal ist unsere Heizung im Haus kaputt, Wasser spritzt heraus und ich male mir die Folgen aus, wenn so etwas in unserer Abwesenheit passiert und keiner merkt was . . .

Ich mache mir aber auch andere Sorgen: Was ist, wenn die Kinder Probleme haben? Wird eine Aussprache unter den Geschwistern oder unter Freunden ausreichen?

Was wird mit Andreas Magenbeschwerden, die regelmäßig vor Klausuren auftreten? Müssten wir ihr nicht vor dem Abitur mehr beistehen?

Dann fällt Schnee. Und die grösste Sorge einer Mutter, jedenfalls geht es mir so, wird überdimensional: das Autofahren und das Mitfahren im Auto von anderen Jugendlichen um jeden Preis. Immer mehr »Wennundaber« tauchen auf!

Ende Februar regt uns der Wettergott, der große Petrus, auf. Immer wieder regnet es, nein gießt es in Deutschland und wir denken sorgenvoll an die Gegenströmung im Rhein. Ich rufe das Wasser- und Schifffahrtsamt Köln an und erkundige mich nach dem Wasserstand. Der ist zur Zeit 5 Meter – normal sind 2,5 Meter – und die Fließgeschwindigkeit beträgt 7,4 km/h – 4 bis 5 km/h sind normal. Doch wir machen weiter!

Robert kauft noch einen Navstar für die Satellitennavigation, der mit einer Antenne auf unserem Dach ausprobiert und programmiert wird. Aus Rohren hat Robert drei Maststützen schweißen lassen, die er weiß anmalt. Zwei Stützen haben eine Art Plattform, die das Mastloch abdecken soll. Es passt. Er ist ein Genie!

Ich bemale eine Holzbohle mit Schiffs- und Clubnamen. Die Bohle soll oben auf den liegenden Masten aufrecht stehen, damit erstens die Schleusenwärter auch von der Seite den Namen (steht sonst nur am Heck) lesen können, zweitens wir eine Gangway haben und drittens die »Vorschriften der Sportschifffahrt« erfüllt werden. Dann kaufe ich mir einen Bauchbeutel, der Ausweise und Geld bei längeren Landausflügen auf meinem Rücken unsichtbar transportieren soll. Schließlich sollen ja meine »freien« Brüste weder von einem einengenden Büstenhalter noch von einem räubersicheren Brustbeutel bedrängt und verschandelt werden. Eine französische Seekarte (F 6561 P) erwerbe ich für nur 23,50 DM. Wir haben uns später immer wieder sehr über die unpraktischen, riesengroßen und teuren deutschen Seekarten geärgert. Die F-Karte ist auf DIN A 4 gefaltet und hat weiches, wasserfestes Papier.

*

3. März, 18 Uhr: Versteigerung auf dem Großsegler *Rickmer Rickmers* im Hamburger Hafen, ein besonderer maritimer Spaß am Rande der großen Seefahrt: Robert und ich hatten uns schon vorab alle Auktionsstücke, das heißt Schiffsmodelle, Grafiken und Bilder, angesehen und hatten spezielles Interesse an der Grafik »Feuerschiff *Kalkgrund*«. Angesetzter Preis: 1.000.– DM.

Der Versteigerungsraum war überbesetzt. Als wir kamen, gab es nur noch Stehplätze. Nach einiger Zeit bemerkte ich an einem großen, reservierten Tisch noch zwei freie Sitzplätze. Ich bat darum, dort Platz nehmen zu dürfen, und schon saßen wir am interessantesten Tisch der Veranstaltung. Neben Herrn Rickmers. Er plauderte begeistert über die Objekte, die er ersteigern wollte, ruinierte aber auch unseren »*Kalkgrund*-Traum«, denn der andere Herr am Tisch war Peter Tamm und er wollte unsere Grafik auch unbedingt haben. Er bezahlte ein vielfaches unseres Limits. Da war kein Überbieten möglich.

Aber wir hatten viel Spaß. Das Publikum amüsierte sich köstlich, es war aufregend, spannend und lustig zugleich. Robert fing sich den Namen »zweiter Linker« vom Auktionator ein. Wegen der schlechten Sichtlinie stand nämlich eine Angestellte neben uns und hob die rechte Hand für den Bieter, der rechts saß, und die linke Hand hob sie für Herrn Tamm. Als Robert dann auch noch mitsteigerte, rief sie laut: »Ich habe hier zwei Linke!« Das Gelächter war riesengroß und alle guckten neugierig. Der Auktionator scherzte: »Dass jetzt die Linken auch schon so viel Geld haben, ist mir neu!« Ersteigert hat Robert dann letztendlich die Grafik »SS *Steel Screwsteamer*«. Das

Geschäft feierten wir mit Herrn Bred, den wir auf der Auktion trafen, im Hafenviertel mit einem portugiesischen Essen: Kaninchenpaella. Ich blickte zum gegenüberliegenden Tisch und meine neugierigen Blicke erfassten sofort die unruhigen, leicht klopfenden Finger des Mannes auf dem korrekt sitzenden, grauen Schneiderkostüm – an der wohlgeformtesten Stelle, dem Po. Ein »rundum« schöner Anblick seiner Begleiterin.

✲

15. März: Es gibt kein Zurück mehr! Wir müssen am 3. April los, denn, wie ich hörte, haben sich unsere Freunde schon zu einem feuchtfröhlichen Abschied in Glückstadt verabredet. Sie alle enttäuschen? Nein, das kann man doch nicht.

Mein Tagebuch beginnt mit dem bekannten Lied:

> Wir zwei fahren irgendwohin,
> wo ich ganz allein mit dir bin.
> Wir lassen Arbeit Arbeit sein
> und pfeifen auf Gewinn.
> Wir zwei fahren irgendwohin.
>
> Da gibt's ein Meer, da gibt's ein Boot,
> da gibt es jeden Abend Abendrot,
> da gibt's Musik, die auch mal schweigt,
> wenn uns der Fischer seine Beute zeigt.

Wo Wiesen auch noch Wiesen sind,
wo Wein noch Wein, Sand, Wasser und Wind.
Wir zwei fahren irgendwohin,
wo ich ganz allein mit dir bin.

✲

Ostersonntag, 3. April

Unsere Kinderchen mussten nochmal gründlich Ostereier suchen. Nach wochenlangen Regenfällen war es endlich trocken und der Osterhase konnte im Garten viele verstecken.

Beim Frühstück sagte Richard ganz entsetzt: »Jetzt könnt ihr ein Jahr lang nicht fernsehen!«

Ich hielt mit einem Glas Sekt in der Hand eine kleine Ansprache: »Ihr zwei kleinen Jungvögel werdet rechtzeitig aus dem Nest geschubst; es wird sich herausstellen, ob die beiden Altvögel weise oder Rabeneltern waren.«

Doch Tränen erstickten bald alle verständlichen Laute.

Ein Sonntag hat für mich immer etwas mit »Abbrechen« zu tun.

Er beginnt so herrlich mit Längerliegenbleiben im warmem, weichem, kuscheligen Bett, einem »Zuranderenseitedrehen« und damit noch einmal die angenehmste Lage auf dem Rücken einzunehmen. Dann lausche ich, ob Robert noch ganz fest schläft. Wenn er sich auch nur ein bisschen bewegt, husche ich, ohne die Augen zu öffnen, in sein Bett und dann geht die Seligkeit noch schöner weiter. Das muss irgendwann aus Vernunftgründen »abgebrochen« werden – wir müssen leider doch mal aufstehen. Dann frühstücken wir wie bei Kaisers, ein – zwei – drei

Stunden lang, mit »Welt am Sonntag«, Brötchen und guten Gesprächen. Aber auch das muss leider irgendwann »abgebrochen« werden.

Diesmal ist es endgültig – auf nach Glückstadt zum Start, nicht zum Matjesessen! Zwischen 11.00 und 12.00 Uhr kletterten unsere Verabschieder bei Niedrigwasser die steile Eisenleiter vom Kai zum Steg hinunter und mit 16 Personen wurde mit Sekt und hartgekochten Eiern geweint und gelacht. Alle Frauen fanden es sehr eng an Bord. »Und dann auch noch mit kaltem Wasser waschen! Nein, danke!« Da wollte dann doch keine mehr mit mir tauschen.

12.30 Uhr Start: Die einsetzende Flut soll uns mitnehmen.

Wir schauen noch mehrfach zurück. Erst zum Winken, dann um den Strom sicher zu überqueren. Wir motoren die Elbe hinauf. Das Wasser ist schon wärmer als die Luft und es tanzen Dampfwolken über den Wellen, zerreißen in Fetzen und versuchen davonzuschweben. Im Rückblick, vielleicht etwas verwirrt und mitgenommen, sehe ich aus den Dunstfladen die Rundkuppel einer Moschee mit Sonnenhaube herausragen. Höre ich einen Muezzin rufen? Nein, es ist die weiße Möwe – sie fliegt nach Helgoland!

Vielleicht war doch alles ein bisschen viel. Oder es war ein Glas Sekt zuviel? Die Sonnenhaube ist jedenfalls die Kuppel des Atomkraftwerkes Brokdorf.

Das Schulauer Fährhaus verabschiedet uns mit der englischen Nationalhymne, wie nett, heute sind alle so nett! Ach so, neben uns kommt ein englischer Frachter auf. Dann sind wir bei Blankenese und ab dem »Bullen«, der Landungsbrücke, fliegen unsere Blicke und Gedanken rüber zum Strand. Es glimmen und qualmen noch die Osterfeuer am Strandweg und Mühlenberg vom gestrigen Abend. Wir waren auch dort. Jedes Jahr am Ostersamstag ist Osterfeuer und Kennenlerntag für Robert und mich. 1962 – ich mit Petticoat und Pferdeschwanzfrisur, ausgerechnet an diesem Abend musste sie mir so sehr lockig misslingen! – war unser erstes Rendezvous. Heute rufen die letzten Funken: Tschüss – bis zum nächsten Jahr!

Vom Nienstedtner Elbhang verabschiedet uns »unsere« Hochzeitskirche. Bei Teufelsbrück suche ich durch das gute Steiner-Fernglas den hölzernen, mir spitzbübisch nachlächelnden Holzteufel, lasse meine »Bisbaldblicke« über »meinen« Kinderspielplatz, dem Jenischpark, streifen und schon kommen wir am romantischen Wohnhang hamburgischer Individualisten, an Övelgönne, vorbei. Dann gilt all unsere Aufmerksamkeit der Vorfahrtbeachtung für die Berufsschifffahrt. Schönes Hamburg – ahoi!

✲

Das »Aus« kam am nächsten Morgen um 11.30 Uhr in der Geesthachter-Schleuse, als der Schleusenwärter uns zurief: »Das Wehr in Artlenburg zur Einfahrt in den Elbeseitenkanal wurde heute morgen um 8 Uhr für unbestimmte Zeit wegen des Hochwassers in der Oberelbe geschlossen!«

Ich wäre gern trotzdem weitergefahren, nach dem Motto: Ran an den Feind! Aber nach einem Funkspruch mit dem Hebewerk Scharnebeck musste ich nachgeben und wir machten gleich hinter der Schleuse an einem Club-Schlengel fest. Landgang war nur über das Brückengeländer möglich. Am Ponton konnten wir mit unserer *Charly* V liegen, doch durch die extreme Flut hatte das Wasser den Steg überspült. Die Fahrräder wollten wir sofort einsetzen, um uns an Ort und Stelle, am Artlenburger Wehr, selbst zu überzeugen, dass es geschlossen war und dass auch keine Bootslips davor und dahinter waren, von denen unsere Freedom durch Kran raus- und reingehoben werden könnte.

Praktisches Denken, körperliche Unversehrtheit und Mut zur Ausführung, drei Punkte, die zur Ausübung so einer Reise Voraussetzungen sind, wurden hier jetzt im Kleinen von uns verlangt.

Wir banden also die Räder los und legten sie auf den Ponton. Robert balancierte aufrecht über das Brückengeländer an Land. Ich hob ein Fahrrad mit den beiden

Reifen auf den Handlauf des Geländers. Schob vorsichtig, bis meine Arme ausgestreckt waren, am hinteren Rad und Robert zog mit ausgestreckten Armen so lange am Vorderrad, bis er das Gestell packen und an Land heben konnte. Ich kletterte wie ein kleiner Affe auf allen Vieren hinüber. Reife Leistung!

Vier Stunden lang sind wir auf dem Deich hin und wieder zurückgeradelt. Enttäuscht und halbtot, einen halben Meter über dem Wasser, wieder das Brückengeländer überwindend, wankten wir aufs Boot. Robert wärmte uns schnell Rouladen aus der Dose, Bratkartoffeln und ergänzte das Mahl mit Tomatensalat. Dann saßen wir da und wussten nichts mit unserer Zeit anzufangen, waren rat- und tatenlos – so dicht an zu Hause, aber zurück konnten wir auch nicht mehr.

Man kann sich nur einmal so richtig verabschieden. Das würde nicht passen, wenn wir heute schon wieder aufkreuzten. Wir sagten uns immer wieder: Wir haben Zeit, wir haben Urlaub. Wir kennen Geesthacht genausowenig wie Sète! Robert sagte: »Hausgemachter Katzenjammer.«

Ich wäre gern Mäuschen in unserem Haus gewesen: Was machten die Kinder? Räumten sie erst einmal gründlich nach ihrer Art auf? Ließen sie alles stehen und liegen? Stellte und baute Richard alles um? Versteckte er alles, was er nicht sehen mag? Stellte er ein gemütliches Sofa vor den Fernseher?

Ich schaute immer wieder auf die vielen Freundschaftsbeweise, die wir zum Abschied erhalten hatten und die noch um unsere Sitzbank stehen, liegen und sitzen. Sinnvolle Briefe, Glücksbringer, Fotos und von jedem

Freundeskreis ein Maskottchen. Es ist ein unglaublich erhebendes Gefühl, das man im Alltagstrott viel zu selbstverständlich nimmt: »gemocht zu werden«, Freunde zu haben! Ich will es mir für ewig merken, damit ich es auch allen anderen vermitteln kann.

Dienstag, 5. April

Es ist zum Lachen. Nun sitzen wir hier in Geesthacht, nur lachen können wir gar nicht. Beim Einkaufen habe ich mit Andrea telefoniert, sie sagte: »Alles soweit in Ordnung. Nur Richard hat die Glasscheibe der Eingangstür eingetreten – mit Karatetritt – ganz aus Versehen, nur mit Socken an!« (Oh my God!)

✲

Das Wehr in Artlenburg ist noch geschlossen und nach einer »Radtour-de-Geesthacht« kennen wir diesen Ort jetzt gut. Robert hat drei Tage am Radio gebastelt. Mein Mann liebt das Schiff mit seinen tausend Bastelmöglichkeiten, das Wasser, das Abenteuer, die Entdeckung. Ich liebe meinen Mann, wir lieben uns, es ist »doch eine Liebesreise«.

Und Liebe geht auch durch den Magen: Wir kauften auf dem Markt den ersten frischen griechischen Spargel, junge italienische Kartoffeln und französische Erdbeeren und aßen bissfest gekochten Spargel, das Wasser abgeschmeckt mit Salz, Pfeffer, Zucker, einem Lorbeerblatt und einem Klacks Butter, dazu Pellkartoffeln mit frischer Petersilie und heißer Butter darüber. Außerdem milden, geräucherten, in hauchdünne Scheiben geschnittenen Schinken, über allem eine Prise Pfeffer. Als Nachtisch Erdbeeren mit etwas Zucker und flüssiger Sahne.

Am nächsten Tag rühre ich eine Tüte Spargelsuppe ins Spargelwasser, lasse fünf Minuten köcheln und legiere mit flüssiger Sahne und einem Ei – köstlich!

Robert fragt: »Bist du verliebt?«

Ich sage: »Ja!«

Das Spargelwasser war wohl etwas zu salzig.

Die Fahrt von Geesthacht nach Artlenburg hat mich sehr aufgeregt. Ich habe gesteuert und der Elbstrom war so stark gegen an, dass oft die Fahrwassertonnen vom Wasser überrollt waren. Hochwasser! An Steuerbord fuhr ich dicht an Parkplatzschildern vorbei – blauweiße P-Schilder für Autos – es war also nicht der offizielle Wasserweg für Schiffe. Es war überhaupt alles sehr gespenstisch, auch die folgende Nacht allein vor dem Wehr.

Das Schiffshebewerk Scharnebeck ist gigantisch. Es ist ein unheimlicher Genuss, von oben aus dem Schiff im Wassertrog zu schauen und tief unten die »winzigen« Eurokähne im »kleinen« Bach, dem Elbeseitenkanal zu sehen. Dann kommen die ersten Schleusen. Schleuse Ülzen ist problemlos, mit Schwimmpollern ausgerüstet. Aber Schleuse Anderten ist fürchterlich: 15 Meter tief und mit festen Pollern in den Wänden, die für unser kleines Schiff viel zu weit auseinander liegen, so dass wir uns ununterbrochen vor- und zurückziehen mussten, um die Tampen Meter um Meter tiefer legen zu können – Sklavenarbeit!

Samstag, 9. und Sonntag, 10. April

Im Mittellandkanal. Es ist eiskalt mit Schneeschauern, Hagel und starkem Westwind gegen an. Ich habe alles (außer einem Büstenhalter) an, was ich an warmer Kleidung habe, und darüber meinen Goretex-Anzug, der seinen hohen Preis wert ist. Doch trotzdem ist die Kälte nach eineinhalb bis zwei Stunden am Steuer nicht mehr zu ertragen. Robert kann es länger aushalten, er isst derartig viel, dass er wohl mehr zu verbrennen hat.

Wir beobachten ein Wasserschutzpolizeiboot, das in Ufernähe etwas bergen will. Zwei Polizisten ziehen sich Gummihandschuhe an, hantieren mit langen Pekhakenstangen und ziehen einen menschlichen Kopf mit langen Haaren, daran ein Oberkörper mit Pullover, aus dem Wasser. Die Arme hängen schlabberig herunter, auch der anschließend sichtbar werdende Unterkörper mit Hose, die Füße in Stiefeln hängen pendelnd. Die Männer klatschen den labberigen Körper auf ihr Vordeck und wir sehen endlich, dass es eine lebensgroße Puppe ist. Eine Vogelscheuche? Oder ist es ein schlechter Scherz?

Nach Osnabrück-Wallenhorst kommen Andrea und Richard mit meinem (Andrea sagt auch schon »meinem«) Auto und finden uns auch gleich im Stichkanal, im guten, gepflegten Motor-Yacht-Club. Gestern abend haben Robert und ich zum erstenmal warm geduscht und uns die Haare gewaschen. So frisch und zivilisiert habe ich für vier hungrige Mägen »Lieblingsessen« zubereitet, was auf einem Zwei-Flammen-Gasherd gar nicht so einfach ist. Im ersten Topf Reis kochen, einen zweiten Topf mit etwas Butter darin auf den ersten Topf stellen und wärmen. Auf der zweiten Flamme eine Pfanne mit Öl erhitzen und darin nacheinander 4 große Paprikaschoten, 2 große Zwiebeln, 1 große Knoblauchzehe, 250 g gemischtes Hack, 2 große Tomaten anbraten und im zweiten Topf warmhalten. Zum Schluss aus Tomatenmark, Reiswasser, Sahne, Pfeffer, Salz, Zucker, Paprika-Curry- und Knoblauchpulver eine Sauce herstellen und unter alle Zutaten im zweiten Topf mischen; Reis mit etwas Butter verrühren und beides schön heiß servieren. Selbstverständlich auf angewärmten Tellern!

Mittwoch, 13. April

Neun Stunden Mittelland- und Dortmund-Ems-Kanal bei kaltem, doch sonnigen Wetter. Richard hat fünf Stunden gesteuert.

Donnerstagmorgen: ein kleiner Gabentisch auf dem Schwertkastendeckel, der übrigens für alles herhalten muss. Es ist Roberts Geburtstag. Ein Lebenslicht habe ich mit und ein kleines Luxusgeschenk, als Gegensatz zu unserer eher einfachen Umgebung: Davidoff Rasierwasser.

Andrea pflückt frühmorgens einen süßen Frühlingsblätter- und Blütenstrauß. Ihr selbstgetöpferter Osterhase sitzt daneben und Richard schenkt, unter erst verschämt unterdrücktem, dann mit herzhaftem Lachen, einen selbstgefertigten Speckstein-Aschenbecher. Grund des Gelächters: Vater Robert hatte einen Tag vor unserer Abfahrt Richard eine lange Moralpredigt gehalten, dass er nicht mit dem Rauchen anfangen soll, dass Rauchen gesundheitsschädigend ist und dass er weniger Taschengeld bekommen wird, wenn er raucht.

Abends fahren wir per Taxi in die Gelsenkirchener Altstadt und essen bei »Hirt« sehr gut und sehr gepflegt, trinken bekömmliches Altbier und werden von einem perfekten, älteren Kellner der guten alten Schule bedient. Das versetzt Robert in Hochstimmung.

Freitagmorgen: ein größerer, üppigerer Gabentisch auf dem Schwertkastendeckel. Es ist Richards Geburtstag. Ihn erfreuen alle kleinen Geschenke. Besonders aber die »Modern-Art-Uhr« mit großen Fliegen als Zeiger, die er von seiner Schwester bekommen hat. Nur das teuerste Teil, ein Segeloverall, lockt keine Begeisterungstöne aus ihm heraus. Das Geschenk ist wohl zu praktisch.

Nach dem Frühstück verstauen die Kinder ihre alten und neuen Sachen (sie kamen mit zwei und gingen mit drei großen Taschen) und wir bringen sie zur Straßenbahn.

Die Bahn kam zu früh und fuhr auch zu schnell wieder ab, so blieben meine Tränen wenigstens vor den Kindern verborgen.

☆

Samstag, 16. April

Liebe Mutti,

morgen sind wir zwei Wochen unterwegs und trotz vier Tage ungeduldigen Wartens in Geesthacht – denn der Elbeseitenkanal war wegen Hochwassers in der Oberelbe geschlossen – läuft die Zeit doch jetzt schon schnell. Gestern Abend bei Krefeld, nach fünf Stunden erstmaliger Rheinfahrt, waren wir zwar erschöpft, doch auch zufrieden, denn etwas von der anfänglichen Angst und dem Schrecken hat der Rhein bereits eingebüßt. Unser Motor kämpft tapfer gegen die wirklich starke Strömung an und Robert steuert sicher durch das enorme Schiffsaufkommen hindurch. Unser Kurs ist jetzt schon direkt »Süden«! Auch

ist es hier schon viel wärmer, eine Wohltat nach den eisigen Tagen und Nächten. Andrea und Richard kamen in Osnabrück an Bord. Richard steuerte begeistert zwei Tage lang und beide Kinder halfen bei vier Schleusen (11 von 180 Schleusen haben wir jetzt), was reibungslos, einmal aber auch ganz verteufelt blöd ablief.

Unsere Gesichter sind schon sehr braun. Nach der etwas langweiligen Kanalfahrt gibt es hier rechts und links am Rheinufer viel zu sehen. Zur Zeit kommen wir gerade durch Düsseldorf und die Menschen winken uns aus den Gartenlokalen zu, in denen sie kurzärmelig gekleidet sitzen. Mit warmem Herzen denke ich an Dich, bald mehr.

Gruß Erika.

Vor dem »Deutschen Eck« biegen wir bei Koblenz in die Mosel und gleich hinter der ersten Schleuse, bei Koblenz-Lützel, sind wir im »Süden«. Das Wetter ist sommerlich, ich ziehe erst einen meiner zwei Pullover aus, dann verabschiede ich mich, hoffentlich für sehr lange, von meiner Skiunterwäsche und ziehe ein Polohemd an. Der Anblick schöner, alter Weinberge zur einen Seite und der gemütlichen Natursteinhäuser mit Obstgärten, deren Bäume alle schon in Blüte stehen, zur anderen Seite, begeistert mich. Auch ein Duft von warmer Erde, frischem Grün und ersten Blüten verzaubert mich. Die Sonne scheint, mein Körper wird wohlig warm und die Wärme fährt mit dem Licht der Sonnenstrahlen in Wellen durch mein Blut, hinterlässt Lustgefühle. Erst im Kopf: Wie angenehm, wie schön ist die Welt, wie hell und warm! Wie wunderbar! Ein Lustgefühl in den Brüsten: frei und weich! Ein Lustgefühl im Bauch: kribbelig und ganz tief innen! Wissenschaftlich kurz: Vitamin D aus Sonnenlicht erzeugt Lust.

Da Robert natürlich provozierend in kurzer Hose und nacktem Oberkörper posiert, wage ich es dann, ein Top anzuziehen. Wir sehen lustig aus, denn Gesicht und Hände sind sehr braun und alles andere ist sehr weiß.

Am Abend hinter dem wunderschönen alten Bahnhof von Winningen, im Winninger Yachthafen, bekomme ich die Quittung: einen ersten Hexenschuss!

Der wurde uns teuer! Denn es hilft nur sehr viel warmes Wasser, welches wir nicht besitzen. Die Hafengebühr für eine Übernachtung war schon sehr hoch, doch als ich dann lange warm duschte, musste ich noch viele, viele Markstücke zusätzlich in die Zähluhr stecken.

*

Ich bin oft nicht so »genau« und lasse auch mal »links« vor »rechts« fahren, aber nach dem Barbesuch im maritim eingerichteten Wasserturm von Schweich an der Mosel ist es mir doch irgendwie merklicher, das heißt, ich vergesse nie wieder, wo Steuerbord und Backbord sind, denn dort wurde es verwechselt, verdreht, vielleicht – so glaube ich heute – absichtlich. Von Schweich fuhren wir fast eineinhalb Stunden mit dem Fahrrad nach Trier, um Leberknödel in Specksauce, also einer Speckstippe mit Bratensauce verrührt, und Sauerkraut zu essen. Natürlich auch, um die imponierenden Bauten aus der Römerzeit zu bestaunen. Robert sagt »Römerdreck« dazu! Ich glaube fast, Baudenkmäler interessieren ihn nicht besonders. Er schaut sich lieber die alten Weinberge an und schimpft über die moderne Bauweise.

Beim nächsten Fahrradausflug, einen Tag später, nach Luxemburg, stellen wir fest, dass dort einfach alles »wohlhabend« aussieht. Oder wenigstens weltoffen, wohlhabend an Erfindungsgeist und Spaß am Leben. Wir trafen ein junges Elternpaar, beide auf großen Fahrrädern. Die Mutter hatte ihr Kleinkind vorne im Kindersitz und hinter sich eine doppelseitige Gepäcktasche, aus einer ragte die Luftpumpe. Papa zog einen flachen, überdachten, einachsigen Anhänger hinter sich her – für einen großen, weißen und einen kleinen, schwarzen Hund, die gelegentlich auch nebenher liefen.

Dienstag, 26. April

9.35 Uhr morgens. Wir passierten die Grenze nach Frankreich bei Apach. Die zwei deutschen Zöllner, die ich aufsuchte, notierten »Segelboot *Charly* V mit zwei Personen«. Die Franzosen waren noch gar nicht da. Also weiter . . .

»Weiter geht es, immer weiter!« Wie Robert immer und immer und immer wieder sagt. Oft versuche ich diesen Schnack zu überhören, ganz selten kann ich darüber lächeln, meist ärgere ich mich fürchterlich über die blödsinnige Wiederholung dieser blödsinnigen Wörter. Doch erblich vorbelastet, empfindet Robert offensichtlich teuflische Lust dabei, mir immer wieder diesen kleinen Stachel zu versetzen. Sein Vater, also mein Schwiegervater, hat es ihm vorgemacht, als er bei jeder Gelegenheit – ob er nun müde wurde, sich langweilte, einfach beschloss, nach

Hause zu wollen, oder mal wieder den flehenden Blick seiner Frau gen Himmel zu sehen wünschte, zu jeder Tages- und Nachtzeit sagte: »Bestimmt neun Uhr durch, wir wollen nach Hause.«

Dann Schlag auf Schlag Schleusen. Die ersten 13 Kilometer zehn Schleusen, dann alle sechs Kilometer eine. Mon dieu!

Mit meiner französischen Sprachkunst ist es wie mit meiner Skikunst. Im Skikurs laufe ich so gut vor, dass ich in die Championgruppe eingeteilt werde und in der praktischen Bewährung versage ich. Auch die Schleusenwärter scheinen mich so gut zu verstehen, dass mir als Antwort stets ein endloser Redeschwall entgegenfliegt, während ich nur noch »Bratkartoffel« verstehe.

Nach sechs Funkgesprächen bin ich psychisch total erschöpft und Robert physisch, denn das Einfahren in die Schleusen mit Vor- und Rückwärtsgang, das An- und Ablegen, das Hochbringen der Tampen an den Schleusenmauern und so weiter strengt doch ganz schön an. Abends in Metz waren wir so erschöpft, dass Robert, als ich ein Menü mit einer Pansenwurst bestelle, gar nicht darüber lachen kann. Ich dagegen kichere vor Schwäche so lange, bis mir die Tränen kommen, – ein frauenspezifisch verkrampftes »Lachenweinen«.

Die Universitätsstadt Metz ist mit ihrer alten, großen, imposanten Kathedrale, der Markthalle und dem Theater interessant und sehenswert. Im Seitenarm der Moselle finden wir einen Anleger, der zwar zum Ruderclub gehört, den *Charly* aber durch den geringen Tiefgang gut nutzen kann.

Somit sind wir direkt im Stadtzentrum und gehen durch terrassenartige Grünanlagen mit schönen Blumenrabatten zur Kathedrale St. Etienne. Ein gewaltiger, geschlossener Bau ohne hohen Turm, dafür mit Arkaden, Bündelpfeilern und Bogenfenstern. Die Kirchenfenster sind Kunstwerke der Glasmalerei, die ältesten stammen aus dem 13. Jahrhundert. Die Erneuerungen aus dem 20. Jahrhundert wurden von Villon, Bissière und Marc Chagall eingefestigt. Die fast ebenso schöne wie alte Markthalle ist heute noch Handelsplatz für landwirtschaftliche Güter. Eine romantische Altstadt zieht Studenten aller Länder an. Viele urige Studentenkneipen machten uns die Wahl zur Qual, einen stilvollen Abendbrotplatz zu finden.

In Liverdun finden wir eine kleine Einfahrt und einen Anleger im Freizeitparkbecken. Da uns nach feinem Essen zumute ist, wählen wir aus dem Michelin ein sehr gutes, teures, aber seriöses Restaurant mit wunderbarer Aussicht auf die Moselschleife aus.

Seit unserer letzten Dusche ist schon wieder eine Woche vergangen. Also suchen wir, mit Handtüchern, frischer Unterwäsche und Kulturtasche bewaffnet, eine Duschmöglichkeit auf dem nächsten, zwei Kilometer entfernten Campingplatz. Doch leider ist dieser noch nicht in Betrieb. Daneben liegt ein Tennisclub. Zwei Trainer sind auch zu sehen. Ich schiebe all meine Schamhaftigkeit beiseite, setze meinen Charme und mein Französisch zusammen ein und erkläre die Lage: »Nous sommes un voillier de Hamburg, nous voulons doucher, mais le camping est fermé, avez-vous des douches pour nous, s'il vous plaît?«

Das sollte ungefähr so zu verstehen sein: »Wir sind Segler aus Hamburg und wollen duschen, aber der Campingplatz hat noch geschlossen. Haben Sie bitte Duschen für uns?«

Sie hatten – zwei »olle« Duschräume, den ganzen Winter nicht benutzt, zum Teil mit Bauschutt verziert. Aber es gab herrlich warmes Wasser und das entzückt einen anspruchslos gewordenen Menschen. Nach Strom für meinen Fön mochte ich nicht fragen, da man kein Geld von uns annehmen wollte. Und so radelten wir mit Mützen auf den nassen Haaren zum Schiff zurück. Ich frottierte mindestens eine halbe Stunde. Danach wurde beschlossen: Meine langen Zotteln werden fallen. Ein superkurzer Haarschnitt muss her. So frisch konnten wir dann das gute Essen aus Rochensteak in Butter, Quiche Lorraine, Ziegenkäse und Mousse au chocolat genießen. Voran natürlich Pastis, dazu ein Fläschchen Moselwein, hinterher einen köstlichen Calvados. Mit diesem Zielwasser und unseren guten Fahrrädern waren wir nach wenigen Minuten in den Kojen. Gott stand uns dummen, armen Sündern bei! Beschenkte uns noch mit erster Liebe in Frankreich, »französischer Liebe«!

✲

Der Canal de l'Est hat mich dann doch überfordert. Der erste Tag konfrontierte mich mit ca. sieben kleinen Schleusen, deren Technik und Funktion ich zuerst überhaupt nicht verstand. Jeder Schleusenwärter wollte etwas von mir wissen, fragte, redete auf mich ein. An Bord musste ich die Tampen bereit halten, in der Schleuse die ca. zwei oder drei Meter hohe, schmutzige, oft glitschige

Leiter aus dem noch relativ schnell fahrenden Schiff affenartig hochsausen, fast gleichzeitig die von Robert hochgeworfene Leine auffangen, über den blitzartig gesichteten achteren Poller legen, nach vorne laufen, Vorderleine annehmen, über den vorderen Poller legen, wieder nach hinten rennen – jedesmal ca. 30 Meter, Achterspring, wieder nach vorne, Vorderspring, und das Schleusentor an meiner Seite wieder schließen. Dann biete ich Idiotin den Schleusenwärtern auch noch Hilfe an: »Je peux aider?« Und alle nicken begeistert: »Oui!« Und es stürzt wieder ein Rede- und Fragenschwall auf mich ein. Ich verstehe die Welt nicht mehr, kurbel' ein Schott und ein Tor auf, werfe die Tampen an Bord, springe aufs anfahrende Boot, rufe noch: »Merci!« und »Au revoir!« Muss mich beeilen, die Wurfleinen wieder zu klarieren, und schon ist die nächste Schleuse da und das ganze Theater beginnt aufs Neue. Nach drei Schleusen breche ich in hysterisches Heulen aus. Da dieser Zustand bei mir meistens zehn Minuten anhält, Robert weitere zehn Minuten braucht, um mich zu beruhigen und über die Schleusentechnik aufzuklären, kommt schon der Schleusenwärter mit seinem Moped zurück und fragt mich, ob wir heute noch weiter wollen. Noch schluchzend und die Augen trocken reibend, versuche ich zu antworten. Und weiter geht's! »Weiter geht es, immer weiter!«

Die letzte Etappe – die 13 Treppenschleusen auf 3,1 Kilometer Länge bei Golbey – zur Scheitelhaltung hoch – danach geht es dann easy bergab! – fahren zwei Schleusenwärterdamen auf Fahrrädern mit. Sie wohnen in Écluse 5 und 6 und, wie ich heraushörte, auch die anderen Schleusen waren in Familienhand. Die beiden junggeblie-

benen adretten Großmütter – ich musste mir an Schleuse 5 die Fotos von den Enkelkindern ansehen –, waren schlank und sportlich gekleidet, ganz im Gegensatz zu den vorherigen Schleusenwärterinnen, die fett, schmuddelig, abgearbeitet und oft unappetitlich waren. Übrigens gibt es tatsächlich mehr Schleusenwärterinnen als -wärter, weil das Schleusenwärterhäuschen als Wohnhaus dient, der Mann tagsüber in der nächsten Stadt arbeitet und so zusätzlich Geld verdient werden kann. Stolz wurde uns Nr.6 als eigene Schleuse vorgeführt und sie war wirklich beachtlich. Ein blühender Garten drum herum, das Häuschen in bester Verfassung und weiße Wäsche auf der Leine. Robert und ich hatten denselben Gedanken zur selben Zeit: »Die Frau hat bestimmt eine Waschmaschine!« Sie hatte!

Und schon waren unsere beiden Beutel Wäsche an Land. Während das Wasser in die Schleusenkammer lief, füllten Madame und ich die Maschine mit unserer Buntwäsche (die Weißwäsche musste die Tochter später einfüllen). Dankbar legte ich einen 50 Franc-Schein hin und schon ging's zur nächsten Schleuse weiter. Ich fuhr auch mit dem Fahrrad mit und half, doch abends nach 13 Schleusen mit 52 Toren und 104 Schotten, die zu öffnen und zu schließen waren, fühlten wir uns alle erschöpft. Später musste Robert die sieben Kilometer hin und zurück radeln und die schwere nasse Wäsche holen. Ich habe dann noch die gesamte Reling und jeden anderen möglichen Tampen und Platz mit Wäsche behängt. Am nächsten, zum Glück sonnigen Tag fuhren wir als »Wäschetrockenplatz« über die Scheitelhaltung.

✲

»Zu Tal« haben wir Roberts Tante Alexa und seinen Onkel Willi eine Woche zur Hilfe. Tante und Onkel sind sie tatsächlich, doch fast noch so jung wie wir! Ach, wären wir doch ein paar Tage früher verabredet. »Zu Berg« ist alles so viel anstrengender. Ein Landkommando wäre hilfreich, weil das Schiff ja tief unten in die Schleuse einfährt, der Steuermann sich konzentrieren muss und einer alleine die Leinen nicht so schnell nach oben zum Schleusenrand auf die Poller bekommt.

Es ist Mai.

Südlich von Epinal in Uzemain wollen wir uns treffen.

Einen guten Liegeplatz im Wartebecken vor der Schleuse Uzemain-Forges haben wir gefunden. Dem Treffpunkt nahe stehen Angler und Gaffer auf einer Brücke beim Feierabendschwätzchen und, wie Alexa später berichtet: » ... starren uns entgegen«. Unter den Leuten war auch ein typischer Franzose – Baskenmütze, Oberlippenbart mit Biegung nach oben, braungebrannt, auf einem uralten schwarzen Fahrrad, der gemütlich dem Treiben zuschaute. Bei etwas näherem Hinsehen fielen mir die zuckenden Schultern auf, die sich vor Lachen kaum halten konnten. Dieser Typ entpuppte sich dann als unser Neffe, der hier wartend Ausschau nach den Besuchern hielt. Nach einem köstlichen Grillessen wurde uns für den morgigen Sonntag ein Ruhetag versprochen, da die Schleusen erst am Montag wieder öffneten.

Um diesen Tag – Muttertag – auch gut zu nutzen, wurde erst einmal das Schiff geschrubbt! Von allen! Am Spätnachmittag wurden wir Mütter dann zum Essen ausgeführt. Wir suchten den Ort Bains-les-Bains auf, der auf der Karte durch eine Burg gekennzeichnet war. Die »Burg« entlarvte sich allerdings als ein kümmerliches Mäuerchen mit Fahne, die angekündigten Esslokale hatten durchweg geschlossen oder waren reserviert, so dass wir froh waren, spätabends ein französisches Gasthaus zu finden, wo wir von einem echten Italiener mehr italienisch als französisch bewirtet wurden. Egal.

Der Montag nahte. Frühmorgens radelte ich erst einmal mit meinem Neffen in den Ort, um Baguettes zu holen. Unser zweites Fahrrad stammte vom Hamburger Sperrmüll, hatte aber eine funktionierende Gangschaltung, so dass ich einigermaßen Schritt halten konnte mit den kräftigen Männerbeinen. Mein Neffe sah köstlich aus auf seinem Fahrrad, mit einem Rucksack auf dem Rücken, aus dem die beiden Baguettestangen ragten.

Wir fuhren über ländliche Straßen mit Maiengrün links und rechts. Maikäfer flogen umher oder lagen tot auf dem warmen Asphalt, von wo die größeren Vögel sie aufpickten. Kuckucke riefen allerwärts, auf den Felder waren Männer und Frauen unterwegs, in dem kleinen Ort gackerte Federvieh – kurzum: eine ländliche Idylle wie aus dem Bilderbuch. Nach einem Frühstück unter dem Bimi an Bord wurde alles verstaut und vertäut, unser Auto bei einem Bauern untergestellt. Wir Frauen schwangen uns auf die Fahrräder, um die nächste Schleuse vor dem Schiff zu erreichen, fuhren auf dem Treidelweg, der neben dem Kanal verläuft. Am Wegrand stehen Pappeln.

An der Schleuse angekommen, wurde sofort Kurs auf die beiden Kurbeln links und rechts neben dem vorderen Schleusentor genommen. Wir hatten Glück, die Peniche, die am Vortag hinter den Toren gelegen hatte, war schon durch und so war die Schleuse voll Wasser. Robert konnte direkt hineinsteuern.

In diese kleinen Kammern passt immer nur ein Schiff, daher sind die Penichen, die diesen Kanalabschnitt befahren, auch nur genauso lang und breit wie die Schleusen. Ein Wunder, wie sie das immer schaffen, exakt hineinzusteuern. Nachdem unser Boot drin war, kurbelten Erika und ich die vorderen Schleusentore zu, rasten nach hinten, um an den geschlossenen Toren die vier Schotten hochzukurbeln. Dann radelten wir wieder durch eine menschenleere, baumbestandene Landschaft, rechts der Kanal, links das sich schlängelnde Flüsschen Coney, begleitet von schlagenden Nachtigallen und immer und überall hörten wir das Rufen der Kuckucke.

Auf dem Kanal glitt das leise tuckernde Boot an uns vorbei, ein Anblick, der mich sehr an den Film »Fitzcarraldo« erinnerte. Der Kanal so grün, so grün, und darin das weiße Schiff in einer stillen, einsamen Landschaft! Erika, durch die Erfahrungen moselaufwärts geprägt, äugte um jede Kurve, um rechtzeitig warnen zu können, falls eine dicke, platzbenötigende Peniche entgegenkäme.

An jeder Schleuse steht das nach gleichem Muster gebaute Schleusenwärterhäuschen, ähnlich unseren ehemaligen Kleinbahnhofshäuschen und, je nach der Mentalität der Bewohner, niedlich oder provisorisch zurechtgemacht. An jeder Schleusenanlage gab es auch einen Hund und ich muss rückblickend sagen, es hätte sich gelohnt, diese verschiedenartigen Hunderassen zu fotografieren. Die Wärter habe ich nicht mehr in Erinnerung, die Hundesorten sind mir unvergesslich. Die Schleusenwärter, die nebenbei gärtnern, angeln – einer war sogar Radrennfahrer und hatte das Häuschen voll von Pokalen – sind natürlich Gemütsmenschen. Klar bei dem Job! Manche waren gesprächig, manche äußerst stur, wir zogen dann alle Register unseres Schulfranzösischs und erfuhren dabei doch allerhand. Wir aßen auf dem Schiff und fielen – für uns zu früher Stunde – schon um 22 Uhr ermattet in die bequemen Kojen.

Der nächste Tag veränderte die Rollen, mein Mann und ich radelten. Dabei begegnete uns ein deutscher Segler, der aus spanischen Gewässern heimwärts eilte und verzweifelt fragte, wie viele Schleusen man denn so am Tag schaffen könne. Er hatte sich das anders vorgestellt. Ein holländisches Boot überholte und hat sicher einen Schleusenrekord aufgestellt, denn man plante, das Schiff für den Sommerurlaub in sieben Tagen nach Marseille zu bringen, was unter diesen Umständen in Schwerstarbeit ausartet.

Dann erreichen wir unseren Ankerplatz in einem Saône-Kanal-Nebenarm, gegenüber von Cendrecourt. Nur Privatgrundstücke mit Privatanlegern grenzen ans Wasser. Wir gucken uns einen Ort aus. Wegen der starken Strömung müssen wir ankern und festmachen. Wir Frauen gehen von Bord und biegen schon um die nächste Straßenecke, um das Lokal zu suchen, wo wir speisen wollen, als wir Schreckensrufe vom Wasser hören. Was wir sehen, ist bühnenreif: Unser Boot hat sich vom Anker befreit, versucht abzutreiben. Robert hat es gemerkt und hält die Leine in der Hand, wird aber mitgezogen. Willi erwischt noch ein Bein von ihm und hält sich krampfhaft daran fest, dazu kommt noch der Grundstücksbesitzer, der seinerseits Willi festhält – ein Bild zum . . .

Wenn das den Frauen passiert wäre!

Das Schiff wurde neu verankert, mit Stegbesitzergenehmigung geparkt. Wir fanden ein ausgezeichnetes Lokal. Vor dem lodernden Kamin, am langen Tisch, fein eingedeckt, speisten wir Weinbergschnecken mit Knoblauch, Forellen in Wein und Zwiebeln gedünstet und Flusskrebse, tranken köstlichen Landwein (vin de region,) bis wir vergnügt zu später Stunde unsere Kojen bestiegen.

Der folgende Tag forderte den Skipper aufs Neue. Um eine Riesenstrecke abzukürzen, kann man vor Chantes durch den Tunnel von Saint-Albin fahren. Dieser Tunnel ist exakt so breit wie eine Peniche, es gibt darin keine Beleuchtung und er ist auch nicht sehr hoch, so dass man äußerst präzise steuern muss, um nirgends anzustoßen. Wir mussten vor der Einfahrt einige Viertelstunden warten, bis wir grünes Licht erhielten. In dieser Zeit installierten wir einen Scheinwerfer. Er blendete schrecklich und wir hielten die gesamten 681 Meter lang alle den Atem an, immer hoffend, dass nicht doch ein Schiff entgegenkam und dass wir genau die Mitte hielten. Sogar Robert wurde etwas nervös, aber er hat die Durchfahrt gemeistert und *Charly* hat kein Kratzerchen gespürt.

Nach dieser Aufregung wurde durchgestartet. Der Fluss war nun so breit, dass sogar Tante Alexa, das Greenhorn, das Steuer halten durfte – ein stolzer Moment in ihrem Leben!

Wir landeten nachmittags in Gray. Hier suchten wir ein Badehaus, um uns von Kopf bis Fuß abzuschrubben. Wir kauften für das Abschiedsessen ein, erkundigten uns am Bahnhof nach Zügen und kauften für Alexa und Willi ihre Rückfahrkarten. Nachdem alles zur Zufriedenheit erledigt war, genossen wir den letzten Abend.

✲

Die Saône sieht ziemlich ähnlich aus wie die Elbe oder die Weser. Das Wasser ist schmutzig, die Strömung ist sehr stark. Wir rauschen an den Vorstädten von Lyon und an

Lyon vorbei. Dann sind wir auf der Rhône mit ihren unendlich vielen Festungen und noch mehr Kirchen am Ufer.

Da ich hier schon wie ein Profi die Schleusen auf Kanal 20 und 22 anfunke, werden wir und ein mithaltendes deutsches Segelboot schnellstens geschleust. Gerd, Werner und Jo filmen für den Saarländischen Rundfunk und ein Jahr später können wir uns im Fernsehen das Ergebnis ansehen.

Dier Touristenzahl beginnt hier in der Provence merklich zuzunehmen und ist in Avignon durch zahlreiche Busse aus allen Ländern und schrecklich viele deutsche Autos, nicht mehr zu ignorieren. Durch einen Rhône-Arm kommend, unter den Bögen der Saint-Bénézet-Brücke bis hin zum Quai de la Ligne, der Festmachemöglichkeit, singe ich »Sur le pont d'Avignon . . . «

Vor dem Papstpalast aus der Zeit der Kirchenspaltung im 14. Jahrhundert finden wir einen Liegeplatz und können zu Fuß durch ein Tor in die Stadtmitte gehen. An diesem Samstagvormittag ist außerhalb der Stadtmauer ein großer Antikmarkt, der uns stundenlang nach Bildern und Büchern stöbern lässt.

Hier im großen Strom der Rhône begegnen wir auch wieder der Berufsschifffahrt. Bemerkenswert ist die »Kinderkäfighaltung« auf den Mudels – von: Man mudelt sich so durch. Kleinkinder spielen in einem Käfig von vier mal vier Metern auf der Ladeluke. Sie haben dort eine Sandkiste, eine Rutsche und eine Schaukel und sind sicher und für den Steuermann gut sichtbar untergebracht.

Dann biegen wir von der Rhône rechts in die Petit-Rhône. Sie ist wunderschön, bis ans Ufer zugewachsen, menschenleer an Land und auf dem Wasser. Kein anderes Boot ist zu sehen und wir kommen uns vor wie Geisterfahrer. Die Sonne scheint und wir ankern.

Auch die Schleuse scheint verlassen. Auf meinen Funkruf: »Voilier *Charly* sur écluse St. Gilles, nous voulons descendre, s'il vous plaît!« (»Segelboot Charly an Schleuse St. Gilles: Wir möchten gerne stromabwärts!«) Funkstille.

Ich wurde an Land, nein, auf der Einfahrtsmauer abgesetzt und tatsächlich krochen zwei Männer hinter der Schleuse am Kanal herum. Sie mähten Gras mit einer Sense. Wir waren an diesem Samstag ihre einzigen Gäste.

Der Kanal »du Rhône à Sète« ist unsere letzte Schleusung auf der Hinfahrt. Wir haben insgesamt wenigstens 180 Schleusen hinter uns und all die Mühen sind schon fast vergessen und 300 Meter weiter sind sie wirklich vergessen!

Wir bleiben zwei Tage und zwei Nächte in St. Gilles und machen eine lange Fahrradtagestour durch die Camargue bis Stes. Maries de la Mer. Kurze Hosen haben wir an und etwas in uns sagt: »Schnell, Schuhe und Strümpfe aus und mit den Beinen ins Wasser.«

Wir sind im Mittelmeer! Wir haben es geschafft! Wir umarmen und küssen uns!

Wollen weiterradeln, da macht es pfff, nicht uns geht die Luft aus, sondern meinem Fahrradreifen. Eine halbe Stunde später bin ich mal wieder von meinem begabten Mann begeistert. Er flickte den Reifen wie ein Profi und wir können zurückradeln. Den Rückweg am frühen Abend legen wir, von Milliarden hungriger Mücken gejagt, in Rekordzeit zurück. Wir sahen 1000 rosa Flamingos, doch

997 von ihnen standen um die Müllkippen und Kläranlagen herum. Wir sahen »freilebende« weiße Pferde, aber wir sahen auch die versteckte Umzäunung. Wir sahen die »Gitanes« und sie ließen sich gegen Honorar mit uns fotografieren. Die Roma und Sinti Europas versammeln sich hier, um ihre Marienstatuen feierlich ans Meer zu tragen.

*

Montag, 23. Mai

Bei uns in Deutschland ist – glaube ich – Pfingstmontag. Solche Nebensächlichkeiten haben wir längst vergessen. Beim gestrigen Abendspaziergang habe ich einen Waschsalon »Laverie« entdeckt. Heute Vormittag ist also »Waschtag«. Ich erinnere mich an einen Fernsehfilm – zwei amerikanische schwatzende Hausfrauen im Waschsalon – aber ich bleibe leider allein. Trotzdem ist es spannender als ein Krimi. Klappt es so? Ist das wohl richtig? 23 Franc für eine Maschine und nur 2 Franc für den Trockner? Nein, siebenmal 2 Franc.

Der Kanal »du Rhône à Sête« ist unser erster Lustschiffkanal, hier fahren die wirklich ahnungslosesten »plaisanbateaux« – Charterer –, den schnurgeraden Kanal einmal zum Etang de Thau hin und zurück. Alles was dazwischen, davor und dahinter kommt, nämlich ablegen, überholen oder begegnen, und anlegen, ist Chaos!

Sieben Kilometer vor Sète in Fautignon, um 16.30 Uhr, wird unsere Fahrt unfreiwillig durch eine zu flache Straßen- und Eisenbahnbrücke gestoppt. Sie wird nur um 7.00 Uhr, um 11.00 Uhr und um 15.00 Uhr geöffnet. Robert nutzt die Zeit, eine Flasche »Gaz« nachzukaufen und es beginnt ein stundenlanges Bemühen, das Gas von der großen französischen in die kleine deutsche Flasche überzuleiten.

Eine Flasche kommt auf eine Mauer, Druckschlauch daran, die andere steht niedriger. Eine liegend, beide liegend. Ich jammernd vor Angst, dass beide gleich explodieren werden. Dann muss ich los, eine Federwaage kaufen, um den möglichen Erfolg abzuwiegen – aber es funktioniert nicht.

Nervlich schon etwas angeschlagen, trinken wir einen Pastis und zum Abendbrot noch einen Liter Bier. Nachts fahren die Lastwagen direkt durch mein Bett und durch Roberts Bett (in derselben Achterkajüte) rauscht jede Stunde ein Eisenbahnzug.

Völlig entnervt stehen wir um 6.30 Uhr bereit, um schnell durch die Brücke zu kommen. Danach wollen wir in Ruhe frühstücken, aber es stinkt so schrecklich nach Öl, nach ranziger Raffinerie, dann nach brennender Müllkippe, dann kommen noch die unberechenbar fahrenden »plaisaniers«. Wir beginnen mit dem Frühstück erst im Etang de Thau, an einer Mooring liegend. Unsere Köpfe dröhnen!

Dann sehe ich einen Segler auf die Sète-Einfahrt zuhalten und mir fällt jetzt erst wieder ein, dass die Brücken von Sète nur um 9 und um 17 Uhr geöffnet werden. In Windeseile los und hin! Wirklich – um Punkt 9 werden für uns zwei Segler und für ein Motorboot die vier zu passierenden Brücken nacheinander geöffnet (hinter uns aber auch gleich wieder geschlossen!).

Im Hafen von Sète wollen wir dann die Masten setzen lassen, aber der Kran ist für unsere Masten viel zu niedrig und außerdem ist das Wasser so unruhig, dass es uns unmöglich ist, dort zu verweilen. Zwei junge Schweden geben uns den Rat, nach Cap d'Agde in die große Marina zu fahren.

12 Seemeilen unter Motor in kabbeliger See, Skipper mit Kopfschmerzen unter Deck liegend, das erste Mal auf dem Mittelmeer steht die kleine Steuerfrau allein zwei Stunden am Ruder – bei schlechter Sicht, nur nach dem Kompaß 225 Grad haltend. Wir landen genau in Cap d'Agde, doch kopfmäßig liegen wir daneben. Nach einer Nacht oder Schlaf sind die Kopfschmerzen weg, aber die Anspannung bleibt, denn nun sind wir zum Mastensetzen angemeldet. Diese Nacht schlafe ich auch nicht gut, eine

Angstdiarrhoe hält mich in Bewegung, ich glaube wegen »Masten- und Segelsetzen« mit meinem dürftigen Französisch. Vielleicht ist auch etwas Furcht vor den Mittelmeergewalten dabei? Einen Tag Arbeit haben wir mit dem Auseinanderfummeln der gelegten Masten, um sie dann mit dem Kran auf die Erde zu legen, damit wir die Maststützen entfernen können. Das bedeutet, auch zweimal das Schiff zu verholen und für mich, zweimal wieder an der Mooringboje festzumachen. Was entsetzlich ist, da ich auf dem Bauch und auf meiner ach so freiheitsgewohnten Brust liegend, halb über Bord hängend, völlig verrenkt versuchen muss, den Tampen zur rechten Zeit durch die Bojenöse zu ziehen.

Anschließend kaufte ich beim Yachtausrüster einen Enterhaken, speziell für Moorings, als Zusatz für den Pekhaken – das war besser!

Einen zweiten Tag brauchten wir zum Mastensetzen. Es dauerte von 9 bis 12.30 Uhr, war aber schwierig und sehr anstrengend. Auch wieder mit mehrfachem Verholen verbunden: der französische, leicht ungeduldige Kranführer hoch oben in seinem Führerhäuschen; Robert, leicht nervös unten im Schiffsrumpf, um Acht zu geben, wann die Masten auf dem Schiffsboden im Haltering aufsetzen, die Kabel für Strom, Funk und Satelliten rechtzeitig durch die Löcher in die Bilge zu führen. Damit das Loch für die Sicherheitsschraube auch an den richtigen Platz gedreht wird.

Ich stehe zwischen den beiden als übersetzender Lautsprecher !

Robert sagt tief unten: »Ja, runter.«

Ich schreie nach oben: »Oui, en bas.«
»Langsamer!« – »Lentement!«
»Stopp!« – »Stop!« »Hoch.« – »En haut!«
»Stopp!« – »Stop!« »Runter.« – »En bas!«
»Rechts!« – »À droite!« »Stopp!« – »Stop!«
»Links!« – »À gauche!«
»Gut, O.K.« – »Bon, fini.«

Nachmittags mussten wir ausruhen, hatten dadurch Zeit für die Beobachtung einer zirkusreifen Nummer:

Ein Einhandsegler (Sicherheitsregel Nr. 1 beim Segeln ist: eine Hand fürs Schiff, eine Hand für mich, beim Segeln

auf Flüssen oder Seen wird die zweite Hand allerdings oft zum Halten von Bierdosen oder Sherrygläsern zweckentfremdet), ein Engländer mit kleinem stabilen Holzboot und mittelgroßem Mischlingshund kam mit Wauwi vom Pinkelgang zurück. Das Boot lag gut eineinhalb Meter tiefer, als die Kaimauer war. Ja, wie nun den Hund an Bord bringen? Der Mann hangelte sich zuerst hinunter, stellte sich mit dem Po zur Wand, zog den Kopf ein und machte einen Buckel. Der Hund wartete kurz, sprang auf den Rücken und dann aufs Boot. Für beide offensichtlich Routine.

✲

Am dritten Tag waren wir mit dem Einziehen von Fall und Schoten – Wanten, Vor- und Achterstag besitzt *Charly* nicht – und dem Segelsetzen beschäftigt.

Robert kam vom Telefonieren mit der Nachricht zurück: »Unser Makler hat deine Wohnung auf Sylt verkauft, du bist jetzt reich und kannst mich ins Restaurant einladen!«

Anstatt mich zu freuen, wurde ich melancholisch. Na ja, ich hatte dem Verkauf ja zugestimmt, aber Sylt verlassen – nein, o nein . . .

Ich bin wie Sylt:

Ich bin wie diese eigenartig
wilde schöne Insel,
die nicht jedermann gefällt.
Ich könnte nicht mit einem Menschen befreundet sein,
dem die Insel Sylt nicht gefällt.
Ich kann die Gefühle für Sylt

mit den Gefühlen für einfühlsamen guten Sex vergleichen.
Es sind die schwer beschreiblichen Düfte,
die meine Sinne beglücken und verwirren,
die mir herrliche Rätsel aufgeben . . .
Es duftet nach Frische – vermengt
mit dem Geruch von Wasser.
Das Wasser hat einen klaren sauberen Geruch,
auch nach Salz, Tang und Sand.
Der Sand riecht nach Leben,
nach der ganzen, weiten Welt.
Sylt ist kalt und windig,
es ist sonnig und klar
und es ist immer die Frage da –
wie lange bleibt es so?
Es ist immer Spannung da –
was und wie wird es im nächsten Augenblick?
Wird es weich, windstill –
nach blühender Heide zärtlich duftend,
wie zarte Streicheleinheiten auf erogenen Zonen?
Oder zieht ein grauer, undurchsichtiger
milchiger Seenebel
vom Meer kommend aufs Land
wie eine tiefe unbegreifliche Sehnsucht
nach dem »Ineinanderverkuscheln«?
Vielleicht stürzt ein Sturm auf uns herab,
er reißt an den Türen, Strandkörben und Pflanzen,
wie ein liebeswildes Paar
an der Kleidung des anderen.
Er küsst uns wild und fest
ins ungeschützte Gesicht –

schmeckt nach Salz und Freiheit.
Der Wind macht uns wirr im Kopf
und im Kreislauf,
wir brauchen hier keinen Sekt –
in Hochstimmung sind wir hier alle.
Ich liebe die Sommerhitze –
die an den Strand,
ins erfrischende, wilde massierende Wellenwasser lockt.
Nach dem Bad schmecke
ich köstlich nach Salz,
wie nach erkaltetem Liebesschweiß.
Im warmen, muschelig duftenden Sand liegend,
die gelben Sonnenfänge mich umschließen
wie die warmen Arme meines Liebsten!

✲

Ich lud Robert doch zu einer Bouillabaisse ins Restaurant ein. Sie wurde hier als einfache, dünne Fischsuppe serviert, separat eine Platte mit vielen verschiedenen gekochten Fischen, mit Karotten und Kartoffeln dekoriert, Streukäse und Knoblauchbrot.

Am vierten Tag mussten wir den Werftplatz räumen und sind deshalb gleich aufs Meer. Hoch die beiden Riesentücher! Harte Seemannsarbeit am Fall, leichte Seefrauenhilfe an der Kurbel der Winsch. Wir segeln! Robert und *Charly* arrangieren sich mit dem Mittelmeer.

✲

Nordnordwest bis Nordnordost 41 bis 47 Knoten, also 9 bis 11 Beaufort Windstärke!

Eine Woche segeln wir nun schon im Golfe du Lion und hätten ihn doch lieber, wie eigentlich geplant, so schnell wie möglich überqueren sollen. Von den acht Tagen hatten wir sechs Tage Starkwind, Mistral und Tramontana, bei stechend blauem Himmel und Sonne. Das Schiff, im Hafen doppelt vertäut festgemacht, reißt und zerrt ungeheuerlich an den Leinen, alles heult, klappert.

Langsam, langsam senkt sich die Abendflaute und bei einer Flasche Languedoc rouge sind wir auf der schmalen Sitzbank beim »Liebemachen, Liebemachen, Liebemachen« und ich merke, wie ich komme, wie mein »Ja« laut wird, gleich, gleich – oh – ein zerfetzendes Geräusch zerreißt die Atmosphäre, unser Schiff kreischt vor Entsetzen. Jemand schlug mit einem eisernen Gegenstand auf *Charlys* Bugkorb. Ich falle in Bruchteilen von Sekunden vom Eiffelturm ins Eismeer. Benommen springe ich zur Kajütluke, zwei Zöllner wollen unsere Papiere sehen. Irgendwie – ich weiß nicht wie – doch absolut stumm, zeige ich sie ihnen. Wochenlang fand ich keine Entspannung mehr beim Liebemachen.

✲

Wir hatten Kurs auf Colliure, weil es besonders schön sein soll. Doch Starkwind, Regen (ein einziger Tag – da wir direkt vor den Pyrenäen sind) und schlechte Sicht lassen uns in Port Vendres einlaufen. Die Nacht ist eine Tortur, denn das Wasser wird durch Wellen, Wind und Berufsschifffahrt stark bewegt, was durch die Schwimmstege noch verschlimmert wird. Um 5.30 Uhr, mit dem ersten Licht, fahren wir in den nächsten Hafen, Banyules-sur-mer, ein. Hier wird uns der Tramontana drei Tage festhalten.

Wir binden *Charly* fix fest, an der Kaimauer direkt hinter der hohen starken Schutzmauer, die den Hafen und den Ort schützt. Ich greife mir gleich Sitzkissen und flüchte vom auf- und abtanzenden Boot, mache es mir bequem, muss erstmal entspannen. Nach und nach wird es hier häuslich, zum Glück regnet es nicht, wieder blauer Himmel, zerrissene Windwolken, Sonne, Sturm. Auf Holzbalken sitzend, eine Palette als Tisch nutzend, lasse ich es mir gefallen, dass Robert den Tee an Bord kocht und ihn mir an Land serviert. »Bitte auch ein belegtes Brot.«

Ich betrete das schaukelnde Schiff in diesen Tagen nur ganz kurz und zum Schlafen.

Grillgerät und Holzkohle haben wir bereit. Lammkoteletts wollen wir uns kaufen, doch der Schlachter empfiehlt uns Scheiben vom Lammbein. Skeptisch folgen wir seinem Rat und werden belohnt. Ein einmaliges Grillessen für uns beide:

Lammbeinscheiben mit Knoblauch und Öl eingerieben, kurz gegrillt – très bon! Frisches Baguette, ein Glas Wein und Käse hinterher, bei Sonnenuntergang auf dem Kai, festen Boden unter den Füßen – was braucht der Mensch mehr!

Am nächsten Tag steht Haare schneiden auf unserem Programm. Ich schneide Robert immer und oft – weil er es liebt, meinen Bauch an seinem Oberarm zu spüren – die wenigen Haare, die er noch hat, sehr kurz. Als besonderes Wagnis lasse ich mir von ihm meine zwischenzeitlich vom

Frisör kurz geschnittenen Haare auf halbe Streichholzlänge kürzen. Nach Angstgeschrei, Gezeter, Gejammer und »hoffen auf Besseres« (die Frisörfrisur war idiotisch!) meinerseits und erstaunten Zurufen der Fischer sah ich doch hinterher flotter aus. Hatte keine Trockenprobleme nach dem Duschen und Schwimmen mehr.

Robert freundete sich mit den drei Fischern von nebenan an, machte mit ihnen eine Netze-Auslege-Tour (de foahrt bi jedem Wedder).

Ein Eisenbahnausflug führte uns dann zu dem wirklich wunderschönen Colliure. Es bezaubert durch zwei große Festungen und eine alte Kirche. Neben dem Marktplatz, einem kleinen freien Platz, geben große Bäume Schatten, Eichhörnchen turnen herum.

»Was hat das Hörnchen da im Mund?«

Es hatte einen Drops, einen giftgrünen Drops gefunden. Sein dümmlicher Gesichtsausdruck sagt eindeutig: Was mache ich bloß damit? Nur: liegen lassen will ich es auch nicht!

Alle Männer spielen hier Boule.

Ich bin beeindruckt von der feinen, zurückhaltenden Höflichkeit der Franzosen. Die Art der Menschen, das Essen – die Menüs – alles hat mir zugesagt.

✲

8. Juni, Landfall Spanien.

Porto de Selva zeigt sich von bösester Seite, so wie die Costa Brava hier aussieht: wild und garstig. Ein kalter Wirbelwind, stark aus den Tälern pfeifend. Am Fischerkai anlegend, weil wind- und wellengeschützt, springt mir beim Festmachen der Leinen ein total Verrückter entgegen mit lautem Geschrei, Flüchen, mit wildem Veitstanz – gen Himmel betend. Er schickt die bösen Geister der Fischer voraus, die spät am Nachmittag hier ihre Plätze beanspruchen. Ich wollte aber nur kurz, »brav deutsch«, bei der Polizeistation nach dem Zollamt fragen, um uns vor abendlichen Klopfzeichen zu bewahren.

Der von mir angesprochene Polizist zeigt nur auf ein Schild: »Nicht spanisch Sprechende nur mit Dolmetscher erscheinen!« Es war und blieb mein einziger Versuch, »brav-deutsch« zu sein.

Um den Fischern Platz zu machen, mussten wir in den Yachthafen übersiedeln. Da der Wind uns stark auf die Stege drückte, blieb uns nur ein Anlegeplatz. Der zu spät heraneilende »Hafenkapitän« beschimpfte uns und wies uns an, einen anderen Platz zu nehmen. Es war aber nicht mehr möglich. Nach einem fast handgreiflichen Wortgefecht ankerten wir in der Bucht von Selva. Wir waren froh, lagen gut und all diese bösen, wilden, garstigen Kastilianer waren weit weg.

Wir ankerten auch lieber während der nächsten Nächte; in der Bucht Cala Sa Riera, wo wir zum ersten Mal baden und faulenzen konnten. Eine Quelle versorgte uns mit leckerem, chlorfreiem Wasser.

Abends auf der Strandbar-Terrasse belausche ich ein deutsches Touristenpaar. Sie erhalten gerade vom Ober ihr zweites Bier. Der Mann schnauzt seine Frau an: »Mensch, Gaby, ich wollte doch kein Bier trinken. Wir wollten doch Sa . . ., Sa . . .!«

Die Frau ganz entrüstet zum Ober: »Ich hatte doch Sagritta bestellt, wir wollten doch Sagritta, Sa. .grit..ta!« Peinlich!

Der Ober schaut fragend, hebt die Schultern, geht und bringt das dritte Bier.

Ich habe mich wohl zu doll muckiert. Einen Tag später passiert es dann in San Feliu. Ich bestelle in meinem besten Französisch ein Glas trockenen »Weißwein« und erhalte einen riesigen Vanilleeisbecher mit Schlagsahne. Ich habe ihn aber nicht reklamiert, sondern still genießend verspeist.

Den Rummel in den Orten Tossa, Lloret de Mar, Blanes und Malgrat haben wir uns auch angesehen. Eindruck macht er auf jeden Fall und wir haben das obligatorische Grill-Abendessen probiert: Languste mit Huhn.

✲

Eine Bucht zum Urlaub machen: Cala San Pol. Herrlicher Sandstrand, südlich durch Felsen geschützt, in denen wir mit Buganker lagen und uns mit Heckleinen sicherten. Schlauchboot erforderlich. Es gibt eine Höhle dort, in die ich mich nur bis zur Hälfte hineinwagte. Weiter innen wurde es so dunkel und unheimlich, Fledermäuse flatterten an mir vorbei und ich dachte an Geister. Auch eine Grotte lockt und reizt zum Hineinschwimmen, aber sie ist sehr schmal!

Wir segelten in Sichtweite der Küste, voll Zeug, also beide Segel ganz hoch. Mit raumem Wind.

Die weithin sichtbare Ansteuerung für Barcelona ist der 207 Meter hohe Berg Montjuich. Quer ab Steuerbord passierten wir die Vororte, sahen die bunten Kunstwerke von Gaudi und mussten ganz an Barcelona vorbei, bis wir die Einfahrt fanden. Unser sonst weißes Schiff war rosarot überpudert. Es hatte heute mehrfach leicht geregnet und Sand aus den Wüsten Afrikas war als Folge auf unser Deck gefallen. Etwas irritiert betrachteten wir den linken Teil des Berges. Es ist ein riesiger Friedhof mit tausend kleinen zugemauerten Grabkammern. Rechts und links durchfuhren wir die Reede vor Barcelona. Viele große Frachter warteten hier und als wir in den Hafen einfuhren, kamen Heimatgedanken auf. Einen Überseehafen mit seinem Geruch, Geräuschen, Schleppern, Kränen, großen und kleinen Berufsschiffen, das kennen wir von Hamburg!

Wie magnetisch angezogen segelten wir auf einen freien Platz an einer großen Kaimauer zu. Dort lagen die *Santa Maria* von Columbus (unglaublich klein), die *Sea Cloud* (unglaublich schön), eine Motoryacht (unglaublich groß), unser Plätzchen (Kashoggis Yacht wäre zu groß für den Freiraum), und am Ende lag ein Kreuzer der Marine an diesem wunderschönen Prominentenkai: *Paseo sagrera*.

✲

Schon am nächsten Tag erwarben wir einen neuen Gegenstand für unser Schiff: einen stabilen Holzstab, den wir von innen ins Schiebeluk klemmen können, so dass wir im Schiff eingeschlossen sind. Bisher schliefen wir immer im ungesicherten Boot, von diesem Datum an nie mehr!

Die Nacht war unruhig, Barcelona ist laut, der frühe Morgen brachte mir auch keinen festen Schlaf und so spürte ich den leichten Schwung im Schiff, als jemand leicht aufs Deck herabsprang. Wenn sich etwas auf dem Deck bewegt, spürt ein feinfühliger Mensch das unter Deck. Ich war feinfühlig genug. Robert dagegen war so erschöpft, dass er weiterschlief. Ich schlich aus dem Bett, holte mir leise das große Schlachtermesser aus der Schublade und pflanzte mich wie eine Pappel vor dem Niedergang auf. Der Einbrecher schob sachte das Luk auf, er dachte wohl, wir seien Frühstücksbrötchen holen gegangen, verharrte wie versteinert! Eine Frau mittleren Alters, mit superkurzen Haaren, kurzem, rosa Nachthemdchen und in beiden Händen fest den Dolch hochhaltend, blickte ihm direkt entgegen. Als diese Schreckensgestalt auch noch rief: »Robert, wach auf, komm her, hier ist eine Dieb!« und ein Seebär im Pyjama um die Ecke kam, konnte der Fremde aber flott die eineinhalb Meter auf die Kaimauer hüpfen. Dann war er auf und davon.

Vier Tage und Nächte haben wir in Barcelona gelegen, weil Barcelonas Altstadt samt Hafenviertel gut zu Fuß zu erkunden und wirklich interessant war. Die Altstadtkneipen gefielen uns, mit ihren Tapas und nach kurzer Peinlichkeit konnte ich auch die Olivenkerne wie die Einheimischen auf den Kneipenboden spucken. Das gehört dazu. Die Schalen der Scampis flogen gleich hinterher – das ist Leben! Außerdem kühlte unser Kühlschrank nicht richtig und da die Außentemperatur mittlerweile 30 Grad im Schatten betrug und die Garantiezeit noch lief, kam ein Monteur aus Stuttgart im Wohnmobil und hat den Thermostat ausgewechselt.

✲

1. Juli

Liebe Familie Grumo,
ich weiß es eigentlich gar nicht in Worte zu fassen, wie dankbar wir sind, Sie als gute Feen zu Hause zu wissen. Oft haben wir schon am Sonntagabend oder am Montagmorgen gesagt: »Jetzt sind die Kinder wieder abgefahren. Haben sie die Terrassentür oder das Toilettenfenster offen-, die Herdplatte an- oder den Kühlschrank aufgelassen? Herr Grumo wird es schon entdeckt und geregelt haben!« Es ist wirklich ein gutes Gefühl, Sie als aufmerksame Wächter – und wie die Kinder berichten – sogar als Pfleger und Heger unserer kleinen Oase (und wir merken schon jetzt: Es ist eine kleine Oase) in der Langstraße zu haben.

Vielen, vielen Dank und tausend Grüße.

Erika und Robert

✲

Die großen Sommerferien haben in Schleswig-Holstein begonnen. Andrea und Richard werden in drei Tagen mit dem Flugzeug in Barcelona landen. Doch um dem Lärm der Großstadt zu entfliehen, segelten wir 80 Kilometer weiter und versuchten einen Inselhafen: »Camaruga«. Das ist eine künstliche, 280 Meter vom Sandstrand ins Meer vorgelagerte Marina, die nur durch eine Fußgänger- und Autobrücke mit dem Land verbunden ist. Wir brachten erst nach dem zweiten Versuch das Kunststück fertig, durch eine der zwei Einfahrten zu gelangen und das auch nur durch Roberts Draufgängertum und unser flachgehendes stabiles Schiff. Eine kräftige Dünung stand vor der Insel und vor den stark versandeten Einfahrten. Als wir dann endlich auf einem Gastplatz lagen, war es ein überaus ruhiges und angenehmes Liegen. Nachts war es ganz besonders leise, weil um 22 Uhr der Hafen abgesperrt wurde. Was uns allerdings noch heftige Aufregung bringen sollte. Als wir die Kinder per Taxi (Festpreis: 5000 Pts und 1000 Pts pro Wartestunde!) vom Flughafen abholten, hatte die Maschine viereinhalb Stunden Verspätung, weil die Lufthansa streikte und eine Iberia-Maschine die Passagiere von Frankfurt abholen musste. Sie landeten erst gegen 22 Uhr. Also musste unser Chauffeur mit dem Hafenmeister telefonieren, dass wir erst um ca. 23.30 Uhr ankommen würden, und er verabredete ein Klingelzeichen, auf das uns später ein Nachtwächter mit deutschem Schäferhund öffnete.

Die Kinder wollten erst einmal ausschlafen. Sie mussten sich akklimatisieren, denn es herrschten mittlerweile 34 Grad Celsius im Schatten! Also sollte der erste Tag ein Erholungstag werden, aber gegen böse Zufälle ist man leider nie geschützt.

3. Juli

»Oh, what a wonderful day«, sagten wir uns und frühstückten im Cockpit nach strenger Bordregel: Niemand erscheint je bei Tisch »oben ohne«. Hemdenzwang!

Schwimmflossen und Schnorchelbrillen wurden von Robert verteilt. Wir wollten von der Einfahrt des Hafens aus schwimmen gehen, an der Mole entlangschnorcheln und zum Strand rüberkraulen. Andrea und Richard waren gierig, ins Wasser zu kommen, und gingen etwa 20 Meter voraus. Sie mussten ein flaches Baggerschiff passieren, das vor einigen Minuten an der kleinen Kaianlage links neben der Einfahrt festgemacht hatte. Die Besatzung war nicht zu sehen. Ich erinnere mich, dass der Bagger vorher in der Einfahrt gearbeitet hatte.

Beide Kinder waren bereit, ins Wasser zu springen, blieben dann aber starr und stumm stehen und es dauerte eine Schrecksekunde, bis einer uns zurief: »Hier treibt ein Toter!«

Ich dachte, »die tüdeln«. Doch nachdem Robert mit entsetztem Ausdruck in den Augen mir zunickte, glaubte ich es.

Mittig, direkt rechts neben der Baggerschute, trieb ein Mann. Den Po mit schwarzer Badehose bedeckt, den nackten Rücken rund. Der Kopf mit schütteren dunklen Haaren war unter Wasser, das Gesicht nach unten.

Bevor Robert ins Wasser sprang, gab er mir den Befehl: »Hol Hilfe!«

Ich lief zu unserem Schiff zurück.

Glücklicherweise standen unsere Fahrräder schon auf dem Steg. Das Hafenmeisterbüro war weit weg. Ich radelte mit zitternden Knien, mich ununterbrochen zusammenreißend, um mir die Worte zurechtzulegen, die ich gleich sagen wollte: »Ambulancia, Ambulancia, una persona sur le aqua!«

Zum Glück verstand der junge Mann auch gleich mein Kauderwelsch.

Er telefonierte.

Als ich zurückkam, hatte Robert den älteren Mann schon auf die Steinmole gehoben, ihn auf den Bauch gedreht, Beine hoch, Kopf nach unten gelagert und versuchte, ihn wiederzubeleben. Doch es trat nur weißer Schaum aus dem Mund.

Ich habe das Gesicht nicht richtig sehen können, doch ich sah Schürfwunden auf dem Rücken, die zwar nur wenig bluteten und auch nicht auffällig waren, da dunkle Haare auf den Schulterblättern wuchsen. Neugierige Menschen standen auf der Mole und glotzten. Von weit hörten wir die Sirene eines Unfallwagens. Robert bat die Umstehenden in Zeichensprache, den Bewusstlosen über die Steine auf die Kaimauer zu tragen, damit er gleich abtransportiert werden konnte. Doch niemand war freiwillig dazu bereit. Zorn stieg in ihm hoch und wütend ging er auf zwei Männer zu, wies sie barsch und unmißverständlich an, hier und dort zuzupacken und den armen Kerl an Land zu bringen. Ich fuhr unterdessen mit meinem Fahrrad dem Ambulancia-Wagen entgegen, um den Weg zu weisen. Es ging alles sehr schnell und kaum hatte man »unseren Toten« ins Auto gebettet, fuhr der Wagen auch schon wieder ab. Ich sah durchs Fenster, wie der Sanitäter ihm eine Sauerstoffmaske aufs Gesicht drückte. Sirenengeheul und dann war der Spuk vorbei. Wir haben niemals wieder etwas von diesem Fall gehört.

Wir wollten dort nicht mehr schwimmen. Wir erholten uns bei einer Tasse Tee und erwarteten die Guardia Civil und ihre Fragen. Doch diese Erwartung war wohl auch zu »brav-deutsch-ordentlich«.

Hatte der Mann einen Hitzschlag, einen Herzinfarkt bekommen? War er überfahren worden? War er von der Dünung gegen die Mole gedrückt oder gar ermordet worden? Stand keine Ehefrau am Strand und wartete mit seiner Kleidung auf ihn? Abends versuchte ich beim Hafenmeister etwas über den Verbleib des Mannes zu erfahren. Nichts, nichts, niemals.

Da sagte Agatha Christie junior: »Der braune, dunkelhaarige Mann schwamm mit seiner dunklen Badehose im dunklen, trüben, sandigen Wasser. Der Bagger hat ihn überfahren, unter Wasser gedrückt und hat dann mit ihm im Hafen festgemacht. Es dauerte einige Zeit, bis er auftauchte und zwar mittig, direkt rechts neben der Baggerschute . . . «

✲

Am nächsten Tag in Tarragona haben wir die Stadtbesichtigung mit einer »Gute-Zeugnisnoten-Belohnung« verbunden. Andrea und Richard wünschten sich jeder zwei Paar Schuhe. Dann verzogen wir uns schnell in einen sehr schönen, neuen, ruhigen Naturhafen. Hier konnten wir längsseits am Holzsteg liegen, das war einfacher zum Übersteigen als vorn über den Bugkorb klettern zu müssen. Sehr verlockend waren auch die reichlich vorhandenen Duschen direkt auf dem Steg. Immer wieder erlagen wir alle vier ihren Sirenenrufen. Auf einer Schlauchboottour hatten wir eine herrliche Badebucht zum Schnorcheln und Tauchen gefunden. Richard ließ gern die vier PS toben, die im Außenbordmotor steckten. Kutschierte begeistert in wilden Kurven zwischen Bucht und Schiff hin und her, um Badehandtücher, Sonnencreme, später Fleisch, Getränke, Streichhölzer, Ketchup und Brot zu holen.

Sammlerinstinkte wurden wach. Es gab so viel angeschwemmtes Zeug: Holz, Stangen, Stöcker, Bambus, Band, Taue und zerrissene Netze. Wir spielten Robinson Crusoe, rammten mit schweren Steinen vier Pfähle in den Sand. Für die Standfestigkeit verknoteten wir rotes und grünes Plastikband kreuzweise zwischen den Stangen. Wunderbar ließ sich aus Plastiktüten, Blättern, Stofflappen, Tetrapackungen, verschlungen mit Streifen von Fischernetzen, ein herrliches Sonnenschutzdach herstellen. Nur »Freitag« kam nicht, es kamen leider auch keine Ziegen, doch dafür bei einsetzender Dämmerung und verlöschendem Grillfeuer jede Menge Sandflöhe und kleine, blutrünstige Mücken. Richard musste die Motorkräfte des knallgelben Gummibootes zu höchster Leistung hochdrehen. Wir jagten zum Schiff und alle Mückengitter wurden schnellstens in die Bulleyes gedrückt, dann verteilte ich Mückengel und Calciumbrausetabletten.

Unsere Robinsonade dauerte drei Tage und drei Nächte. Bei 1.700 Pts Hafengebühr per Nacht (ca. 25 DM) ein preiswertes, unvergessliches Urlaubsvergnügen, naturnah.

Doch wie Robert zum 101. Mal sagte: »Weiter geht es, immer weiter.«

So ankerten wir eine Nacht in der Bucht des Ebro-Deltas. Tausend verschiedene Wasservögel bewachten und weckten uns frühmorgens. Am Vormittag war ein Großeinkauf in Ampolla angesagt, dann wollten wir Richtung Mallorca starten.

*

Montag, 11. Juli

7.45 Uhr, Radio Österreich, Wetterdienst: »Balearen – NO – 4 bis 5 – mittlere Sicht.«

Um 12.00 Uhr Start.

Bis 21.30 Uhr segeln wir, da fast gegen den Wind, in großen Schlägen, das heißt im Zickzack geradeaus. Die letzten 20 Minuten begleiten uns zehn stattliche Delphine. Wie von einer rhythmischen Musik getrieben, springen sie, meist paarweise, vor *Charlys* Bug.

Wir sehen ihre lachenden Gesichter, wenn sie einfach auch mal quer vor dem, mit gut 6 Knoten ziemlich schnell fahrenden Schiff von Steuerbord nach Backbord und umgekehrt tauchen. Sie bieten uns ein beeindruckendes Schauspiel, das ihnen wie uns Spaß macht. Die Wellen bauen sich hoch und quer zu uns auf. Der Wind flaut ab, wir motoren weiter, doch der Seegang bleibt und ich beginne ab 22.00 Uhr mit der Fütterung der Fische.

»Mit jedem Opfergang versinkt mein Lebenswille im Meer, vergeht meine Überlegenheit. Mein Gott diese Übelkeit!«

Mir wird immer schlechter. Die Sicht auch.

Wachen werden eingeteilt, ich falle aus, da mein fürsorglicher Mann mich vorsichtshalber am Besanmast festbindet, damit ich nicht mit mir selbst die Haie füttere. Keiner kann im Dunkeln auf mich aufpassen. In meinen warmen Overall gesteckt und ein Plastikkissen unter mir, verbringe ich so die ganze Nacht. Nicke mal mit einem Auge ein, das andere halte ich immer wach zur Unterstützung des Wachhabenden. Frachter und Fischerboote sind hier auch unterwegs und es ist schwierig abzuschätzen, wie weit die Positionslampen der Schiffe entfernt sind.

Einmal macht der Kapitän belegte Brote, danach war nur noch trockenes Weißbrot gefragt. Die zwei Freiwachen liegen, in Decken gehüllt, auf dem schmalen Kajütfußboden, denn das Boot giert unangenehm hin und her und überall wird man geschaukelt. Erst gegen 9.30 Uhr sichten wir im Dunst die Berge Mallorcas. Navigiert wurde durch Koppeln und mit Satellitennavigator über Wegepunkte. Nach 125 Seemeilen verfehlten wir die Einfahrt nach Porto de Sóller um nur 500 Meter, die glichen wir nach Sicht aus und ankerten genau 24 Stunden nach Abfahrt im klaren Wasser der Bucht!

Porto de Sóller ist ein netter Ort ohne großen Touristenrummel. Die kleinen Hotels und Restaurants im

Halbrund der Bucht entzünden jeden Freitagabend um 22.00 Uhr im Abstand von 100 Metern 400 bis 500 Fackeln und für zehn Minuten gehen überall die elektrischen Lichter aus. Vom Wasser aus gesehen ist das ein sehr romantischer Anblick, der verlockt, eine Flasche spanischen Rotwein zu genießen und zu kuscheln.

Die Insel entdeckten wir auf Richards speziellen Wunsch per geliehenem weißen Suzuki-Jeep. Natürlich wollte er den Wagen auch mal fahren. Auf einem ruhigen Seitenweg durfte er es auch und obwohl er in Deutschland gerade erst mit dem Fahrunterricht begonnen hatte, konnte er es wunderbar. »Offen« wollten wir alle fahren und wir zwei Mädels banden uns flatternde Kopftücher um – reif für die Insel, reif für den Film!

So ein Landausflug beginnt mit dem geschickten Verstauen von Paddel, Reservekanister, Taschen mit Handtüchern und Badeanzügen im kleinen Beiboot. Ich nahm eine riesige Wassermelone gegen den tödlichen Durst mit. Vom ersten bis zum letzten Moment dieses Tagesausfluges störte sie entsetzlich, da ich vergessen hatte, ein Messer einzupacken. Jeder nörgelte an ihr und mir herum (sie rollte hin und her), so dass ich diese arme, unschuldige Melone fast den ganzen Tag auf den Schoß nahm. Außenbordmotor, Paddel und Reservekanister mit Benzin wurden beim Autovermieter im Büro deponiert, das Schlauchboot an Land gezogen, gut verankert und an einem großen Stein festgebunden. Über Sóller und den Orangen- und Zitronenort Biniaraitx ging es in die Cala sa Calobra. Tief hat sich der Fluss einen Cañon geschnitten. Rechts und links, mehrere 100 Meter hoch, zerklüftete Felsen, unten

Geröll, Gestrüpp und ein netzartig verlaufendes Rinnsal. Es ist Sommer. Die Bäume dicht an der Straße hingen schwer voll reifer Früchte.

Auf Mallorca, speziell hier im Cañon, fällt mir wieder auf, was für ein Geruchsmensch ich doch bin. Ich stehe da und schnuppere. Die Luft ist würzig, geschwängert von den Düften der Orangen, Zitronen, Feigen, Mandeln und anderer Obstbäume, gemischt mit Sand und Wasser, Salz, Harz und Kräutern. Ich filtriere auch Staub und Trockenheit als Geruch heraus. Ich rieche den Stein, den Felsen – er ist muchelig warm.

»Weißt du, wie ‚muchelig' riecht?«

Alte Häuser, alte Kleidung, Tiere, deren Fell, Pelze, Erde riechen so – es hat nichts mit Schmutz zu tun! Der Geruch entsteht durch den ständigen Wechsel zwischen Feuchtigkeit und Trockenheit. Ich kann diese verschiedenen Gerüche separieren und anschließend zusammenfügen. Es riecht hier für mich sehr aufregend – ich könnte mich in Mallorca verlieben.

Früher hatte ich einmal einen Freund, der roch immer leicht nach Mottenpulver – nicht gerade gut also, doch die Wirkung auf mich war wie bei Moschus: Sie zog mich an. Vielleicht war ich im vorherigen Leben eine Motte?

Alle Düfte interessieren und faszinieren mich, viele kleine Schubladen in meinem Gehirn sind mit Dufterinnerungen gefüllt (aha, daher so wenig Platz für anderes)! Mehrere Jahre lang habe ich mit dieser Begabung sogar Geld verdient. Als Assistentin eines Parfumeurs setzte ich Düfte zusammen. Mit der Pipette habe ich aus schönen alten Glasgefäßen ätherische Öle angesogen und in ein

Reagenzglas fallen lassen, welches auf einer Feinwaage stand und wobei jedes Milligramm gewogen wurde: zwei Tröpfchen Vanille, noch einen Tropfen Bergamotte, Mandel oder Citronella. Ich notierte sorgfältig, so dass ein Rezept entstand, das später vervielfältigt, wiederholt oder abgeändert werden konnte. Gut gemischt und vom Lackmuspapier geschnüffelt. Immer wieder neu und wieder berochen, bis eine neue herrliche Duftnote entstanden oder das legendäre »Chanel Nr. 5« annähernd nachgemacht war.

Im Mittelpunkt der Insel, in Inca, haben wir im »Restaurante Celler« gut und preiswert gegessen. Ohne andere Gäste. Deshalb hatte der Patron viel Zeit für uns. Er empfahl: für Robert Ziegenlamm, für Erika Spanferkel, eine Spezialität des Hauses, für Andrea Bohneneintopf und für Richard Kaninchen. Zu seinem Entsetzen war es ganz, längs zur Hälfte durchgeschlagen und dann fand er auch noch das Herz. Sein Appetit war schnell verflogen. Wir tranken einen guten, harzigen, regionalen Wein, der in einem gekühlten Krug serviert wurde. Andrea chauffierte uns anschließend noch sicher nach Palma und wir besichtigten die riesige Kathedrale, Ramblas und Altstadt.

✲

Dann lernten wir unseren Nachbarn kennen. Von Bord zu Bord schnackten wir mit ihm. Er verwaltet seit acht Jahren einen an der südfranzösischen Küste gelegenen Nudisten-Club.

Robert sagte gleich: »Oh, wie toll, das möchte ich mal sehen!«

Doch Engelbert Fischer sehnte das Ende seines Zehnjahresvertrages herbei. Er hatte die Augen und den Sinn für Nacktheit überrandvoll satt und segelte nun »fein angezogen« mit Familie zwecks Erholung.

Dass Nackte – wohl nicht nur in ihren schönsten Formen – sich vor ihm auf seinem Bürostuhl ungeniert »lümmelten«, sich selbstvergessend hier und da kratzten – bei Affen sieht das ja niedlich natürlich aus, vielleicht, weil sie durchgehend behaart sind, aber . . ., an der Bar breitbeinig standen und sogar am Tisch oben wie unten ohne waren – konnte er nicht mehr ertragen!

Am nächsten Morgen beim Auslaufen rief er uns zu: »See you later, in der Bucht von Espalmador! Aber nicht weitersagen!«

Also schien es ein Geheimtip zu sein und wir suchten den Tipp auf den Karten und fanden ihn zwischen Ibiza und Formentera.

Auf in diese Richtung.

Zum ersten Mal sahen wir fliegende Fische. Sie schlagen wie Libellen mit großen, fast durchsichtigen Flügeln und können gut einen Meter über dem Wasser und 20 bis 40 Meter weit fliegend springen. Als Seemannsgarn sehe ich es an, dass sie meistens genau bis in die Bratpfanne fliegen.

*

Es gibt tatsächlich Steigerungen von Faulheit! Wir hatten das Paradies gefunden – Espalmador: eine kleine Insel mit Palmen, Dünen, weißem Sandstrand, glasklarem, warmen

Wasser. Wir ankern 100 Meter vom Strand entfernt und bleiben eineinhalb Wochen. Mit kurzen Ausflügen nach Ibiza-Stadt, um frische Lebensmittel und Wasser zu kaufen.

Gutes, frisches Wasser ist hier ein kostbares Gut. Aus den Schläuchen im Hafen kommt entweder gar nichts oder brackiges, leicht salzhaltiges, manchmal auch übermäßig gechlortes Wasser. Man kann es nur zum Nachspülen nach dem Schwimmen und zum Abwaschen benutzen. In 5-Liter-Kanistern kauften und schleppten wir deshalb Quellwasser an, um damit zu kochen und es als Teewasser zu benutzen, denn unsere tägliche »Teatime« wollten wir nicht aufgeben.

Unser Tagesablauf sieht zur Zeit so aus: Zwischen 9 und 10 Uhr wird es zu warm im Bett. Wenn Robert sich mit einem Plumps über Bord ins Wasser rollt, quäle ich mich hoch, halte mir die Nase zu und lasse mich auch ins Wasser fallen. Mit trägen Schwimmbewegungen geht's zum Ufer und im warmen Sand dösen wir beide dann noch ein bisschen. Manchmal machen wir sogar drei Kniebeugen und zwei Liegestütze! Dann schleppen wir uns zum Sole-See in der Mitte der kleinen Insel und beschmieren uns mit Salzschlamm, jeder dort, wo er meint, es nötig zu haben: Ellenbogen, Knie, Rücken. Lustig sehen wir aus, unheimlich gesund soll es sein und es stinkt.

Dann schwimmen wir zurück. Das Duschen ist gewöhnungsbedürftig: Jedem wird eine 2-Liter-Cola-Plastikflasche mit Süßwasser, von der Sonne leicht erwärmt, und eine Plastikschüssel zum Hineinstellen zugeteilt. Vorher werden die Haare einshampooniert und der Körper eingeseift. Das Meer hilft beim Entschaumen. Anschließend darf man mit den zwei Litern sparsamst nachspülen. Was in der Schüssel aufgefangen wird, wird nochmals für die Beine benutzt. Dann wird bis mindestens 12 Uhr im Cockpit unter dem Sonnenschutzdach gefrühstückt – ehe die schlimmste Arbeit des Tages fällig ist: Geschirr abwaschen!

Wenn unsere Kinder gemeinsam das Geschirr abwaschen müssen, ist es uns Eltern eine Freude, die wohltut, befriedigt, stolz macht. Nach anfänglichem Murren, nach mehrfachem Knobeln hören wir das Gemurmel intensiver Gespräche. Es wird gekichert und gelacht. Robert und ich schauen uns an, würden gern verstehen, was die beiden sich so mitzuteilen haben, doch wir wissen natürlich, dass es nicht für unsere Ohren bestimmt ist. Wir prosten uns zu und beschließen, diese Tradition, die schon viele, viele Jahre währt, fortzusetzen und auch auf die eventuellen Enkelkinder zu übertragen.

Vor der »Mittagshitze-Siesta« wird getaucht, geschnorchelt, gesurft, einmal auch das Boot von außen gereinigt.

Nach der Siesta müssen wir des öfteren Andrea wieder seelisch aufrichten. Sie leidet unter Liebeskummer. Ein forscher Mitschüler machte ihr nicht nur schöne Augen und spielte sich auf, nein, er stellte ihr nach und stellte vor den anderen interessierten Jungs Besitzansprüche auf. Im Schulalltag war das unterhaltsam, schmeichelnd, lustig schön. Jetzt, nach drei Wochen Entzug, merkt sie täglich mehr, wie sehr ihr diese Schmeicheleinheiten fehlen. Die Werbung scheint nachhaltig wirksam, die große Liebe keimt.

»Teatime« bis 17 Uhr, dann Schlauchbootausflug oder Spaziergang auf der Insel.

Zum Abendessen gibt es oft vorweg ein großes Stück Melone mit luftgetrocknetem Schinken. Gebratenes Gemüse und einen Salat hinterher. Wir freuen uns schon wieder auf Frankreich mit seinen guten Menüs!

Abends hatten wir mehrmals mit richtigen Fahrtenseglern geplaudert und so erfahren, dass fast alle ihr Schiff gegen Ende Oktober in der Nähe von Alicante in Häfen legen und für vier Monate in sogenannte Rentnerhotels ziehen. Diese Gegend hat auch im Winter ein mildes Klima. Um die Balearen dagegen wird es kalt, stürmisch und ungemütlich. Finanziell bleibt es gleich, weil Strom- und Wassergebühren in den Häfen hoch und die Drei-Sterne-Hotels mit Halbpension preiswert und geheizt sind.

Zu den richtigen Fahrtenseglern rechne ich Erik und Ranghild, ein Ehepaar aus Dänemark, die ihren Eisenkramladen verkauft und den Hausstand aufgelöst haben. Auf dem Boot von Erik sah ich fasziniert, was Ordnung sein kann.

Robert wollte sich nämlich eines Tages einen Schraubenzieher ausleihen. Im Bordbuch wurde unter »Sch« nachgeschlagen, dort stand: »Schraubenzieher im Holzkasten unter linker Koje, im Vorschiff, im rechten Schapp«. Tatsächlich, schnellstens gefunden.

Robert zog mich auf: »Siehst du, so sollte es sein. Ordnung ist Sicherheit.«

Ich entgegnete kühl: »Na, dann man ran.«

Mit ihnen segelten Horst und Regine, die in Essen eine Etikettenfabrik besaßen und sich von dem Erlös ihr Schiff gekauft hatten. Beide Paare waren seit vier Jahren unterwegs, aber noch nie aus dem westlichen Mittelmeer herausgekommen. Regine war etwas Besonderes: Sie lief immer »oben ohne« herum, das war an Bord allgemein üblich, aber sie trug dazu immer eine verblichene Papiernelke im Haar.

Da das Mittelmeer mich »geschafft« hatte, lehnte ich es ab, auf den Atlantik, geschweige denn nach Amerika mitzusegeln. So beschlossen wir, im Spätherbst wieder durch die Kanäle nach Deutschland zurückzukehren und Weihnachten zu Hause zu feiern.

✲

6. August

50,3 Seemeilen Überfahrt von Ibiza / San Antonio zum Festland/Javea, das heißt neun Stunden segeln.

Der Wind kommt stramm achterlich, raumt nur wenig und *Charly* pflügt durch die Wellen. Wir sind wieder allein, denn die Sommerferien gehen dem Ende entgegen und Andrea und Richard sind abgeflogen.

Ich stehe am Steuerrad, Robert sitzt vorne im Bugspriet und beobachtet Delphine. Wir sind beide nackt, die Sonne wärmt durchgehend unsere Rücken. Doch plötzlich kommt Robert auch ins Cockpit, stellt sich dicht hinter mich. Dichter, immer dichter, legt die Arme um meinen Körper und umfasst die braunen, freien Brüste. Schon spüre ich die warme Härte. Behutsam, doch zielstrebig wird mein erweckter Leib herumgedreht. Ich kann »ihn« nicht umfassen, denn die Hände müssen am Steuer bleiben, es ist keine Zeit mehr, die Selbststeueranlage einzu-

stellen. Stehend biegen wir uns im Rhythmus der Wellen . . . Sterne flimmern in der Mittagssonne. Ein Karussell dreht sich im Dämmerzustand und Schweißperlen rinnen zwischen unsere Körper. Kurz vor einem wunderbaren Kreislaufkollaps halten wir uns noch lange beglückt, doch benommen, gegenseitig fest.

»O Sonne, ich liebe dich!«

Es bleiben noch fünf Stunden gleichmäßiger Wellenbewegung, kein Land in Sicht, Müdigkeit, Erschöpfung durch die sportliche Leibesübung der schwindelerregenden

Leidenschaft, das alles führt bei mir zu Unwohlsein, Übelkeit, Lethargie und Depression. Ich beginne hemmungslos zu weinen und möchte eigentlich nur noch nach Hause.

Ja, so dicht liegen Glück und Leid beieinander!

Fester Erdboden und Javea mit seinem Straßenorgelmann, der gleichzeitig noch Trompete bläst und eine gute, leckere Gazpacho-Suppe bietet. Eiskalte Tomatensuppe aus frischen Tomaten, mit etwas Salz, Pfeffer, Essig und Öl abgeschmeckt, mit sehr klein gehacktem frischen Paprika-, Zwiebel- und Knoblauchgemüse bestreut, dazu ein in Knoblauchöl geröstetes Brot – machen die beiden »Weltenbummler« wieder froh.

✲

Puerto Blanco, ein kleiner ruhiger Hafen, lud zum Verweilen ein. Ein junger holländischer Hafenmeister managte hier alles, freundlich, sauber und ordentlich.

Schwülwarm ist es. Feuchtheiß! Ein Gewitter kündigt sich an. Im Hafen sind Menschen kaum noch zu sehen. Eine erfrischende Dusche steht in unserer Hoffnungsliste obenan. Und schon rollt ein Donner, es blitzt und endlich fallen die ersten dicken Tropfen. Robert und ich stehen erwartungsvoll mit Shampoo und Seife im Cockpit bereit. Es regnet herrlich lange und kräftig und es wird eine wahre Duschorgie daraus!

Bei einem Abendspaziergang erlebten wir das »Calp-Festival«: Die Hauptstraße war zum Volksfest geschmückt. Durch Holzverschläge abgegrenzt, mit festen Hölzern im Abstand von ca. 50 cm, so dass ein Mensch durchschlüpfen konnte, nur nicht die wütend gemachten Jungfärsen und Jungstiere, die die Straße auf und ab gescheucht wurden. Zuerst wurde eine Färse auf die Straße hinausgeschoben. Sie stand mit großen, lieben, braunen Augen da (ich möchte sie streicheln) und wusste gar nicht, was sie sollte. Brutale Stockhiebe aus dem Schutz der Balustrade, Knallkörper von den Zuschauertribünen abgefeuert, leere Cola- und Bierdosen trafen das völlig verschreckte Tier. Junge Männer mit roten Hemden schwenkten rote Tücher, reizten und lockten sie. Doch die »Helden« waren lange, bevor das Tier sie erreichte, hinter den Balustraden verschwunden und die Tiere kamen nicht durch. Ein feiges Spiel!

Wir sahen nur kurz zu. Es interessierte uns nun aber, wie die Besitzer ihr wütendes Tier wieder durch die Stalltür bekamen. Sie gingen dem anrasenden Jungen, mit dem Leitbullen an der Leine, auf der Straße entgegen, drehten schnell um und liefen dann mit ihm in die offene Tür. Tatsächlich – die arme Kreatur bremste, schnüffelte und lief, sichtlich erleichtert, hinter dem Bullen her und war gerettet.

✲

Alicante – Stadt der Alten – so mein erster Eindruck, als wir an Land gingen und auf den Ramblas unter Palmen alle Bänke und Stühle von alten Spaniern besetzt fanden. Wir hatten in der Hafenbucht Anker geworfen, direkt vor der palmenreichen Uferstraße. Nach unserer Erfahrung mit Dieben in Großstädten zogen wir es vor, die 50 Meter bis zur Kaimauer zu rudern. Bis hinter die Arena sind wir gewandert, haben dort Eselfleischspieß und Lammbein vom Holzkohlengrill gegessen, dazu gehörten Oliven, ein Glas Wein und ein kleiner Teller Salat. Hier auf dem Festland und weit weg vom Hafen- und Touristenrummel war das Essen wieder gut und preiswert. Spätabends sahen wir dann auf dem Leuchtreklamethermometer: 0.52 Uhr und 27 Grad Celsius! An schweißfreien Schlaf war nicht zu denken.

Über Almeria ging es weiter nach Malaga.

Es war Ende August, der Sommer hatte seinen Höhepunkt überschritten. Robert hatte auch nichts mehr am Schiff zu verbessern, da nun sogar schon alle Glühbirnen von 15 auf 10 Watt reduziert oder durch Energiesparlampen ersetzt waren.

So planten wir einen Landausflug per Mietauto nach Gibraltar, Ronda, Granada und zur Alhambra.

✲

Eine Zwangspause von drei Tagen hielt uns in der entsetzlich lauten Hafenbucht von Altea auf. Das Wasser war eklig verschmutzt, es stank. Das Nachbarboot quietschte an Styropor, die Fahrtensegler hier – meist Einhand – waren verschroben und deprimierend schmuddelig. Wir wagten uns aber nicht weiter, weil Robert sich beim Baden eine Magen- und Darminfektion eingehandelt hatte. Krämpfe, Erbrechen, Kopfschmerzen und Fieber machten ihn handlungsunfähig.

»Eine Stunde kann ich ihn wohl alleine lassen und einen Vorratskauf tätigen«, dachte ich, nahm das Beiboot und ruderte im Zickzack zwischen den vielen ankernden Kleinbooten an Land. Am Ufer lag ein festverankerter Tampen, ich machte meine Leine mit drei Knoten daran fest, zog das Schlauchboot auf den Strand und legte die zwei Ruderriemen ins Boot. Erschöpft von der Hitze, dem Einkauf und dem Schleppen der Waren, kam ich zurück und erbleichte. Mein Beiboot trieb gut 30 Meter vom Land entfernt im verseuchten Hafenwasser zwischen alten verfaulten Fischen, Altöl, Diesel und anderem Abfall. Drei Hafenjungs, ca. 12 Jahre alt, schwammen im Wasser und spielten mit einem meiner Riemen, den zweiten konnte ich mir gerade noch schnappen. Allein konnte sich das Boot nicht gelöst haben! Ich hätte den Burschen gern meinen Ruderriemen über die Rücken gezogen.

Doch ich handelte vernünftig: Ich lächelte bittend, winkte den Jungen mit einem 100 Pts-Schein und bat sie, mir Boot und Riemen heranzuholen. In der Not frisst der Teufel schließlich Fliegen.

Hier hielten wir es nicht lange aus, es war heiß und stickig. Robert fieberte, hier konnte er nicht gesunden. Am nächsten Morgen habe ich dann all meine »Bootführungskünste« benutzt, alleine ein »Anker hoch«-Manöver gefahren und flüchtete aus diesem Rattenloch. Ich motorte, da ich nicht die Kraft hatte, unsere zwei schweren Riesensegel hochzuziehen. Wir segeln nämlich doppelte Segeltücher, sie sind um den Mast gelegt und laufen auf beiden Armen der »Wishbones« nach hinten.

Doch wie sagt man: »Ein Unglück kommt selten allein.«

Ich steuerte den nächsten Hafen an. Beim Rangieren im kleinen Becken, musste ich erst scharf einschlagen, um in die Box zu gelangen, dann vorwärts, rückwärts, wieder vorwärts. Plötzlich keine Reaktion mehr. Ich hatte unseren Propeller verloren. Ich hoffe durch Abnutzung, nicht dank meiner »Künste«. Robert war noch zu krank, um zu tauchen. Ich kann unter Wasser nur zwei Sekunden schwimmen. Einen neuen Propeller zu kaufen würde viele Schwierigkeiten und mindestens 400 DM kosten. Was war zu tun?

Im Hafen war eine Tauchschule.Wir setzten 400 DM Prämie für das Hochtauchen des Propellers aus. Vier Presslufttaucher bemühten sich. Doch ohne Erfolg. Dafür liefen sie am nächsten Tag mit abweisender, beleidigter Miene herum. Tags darauf montierte Robert unseren Ersatzklapppropeller auf die Welle. Er hat gehalten und seinen Dienst getan. Selbst ist der Mann!

Wir wollen weiter.

*

Nachdem wir ein Auto, Typ »Ibiza«, geliehen hatten und alle Formalitäten erledigt waren, sahen wir hinter dem nächsten Berg eine große Rauchsäule in den Himmel wachsen. Gegen Abend erreichten wir die Nähe des Feuers und beobachteten von dem Berg gegenüber wie blitzschnell und unberechenbar sich so ein Waldbrand in dieser trockenen Gegend ausbreitet. Der mittlere Teil des Berges brannte schon, viele Feuerwehrmannschaften in roten Schutzanzügen arbeiteten, schlugen mit großen Schaufeln auf die bedrohliche Feuerfront ein, doch plötzlich loderte hundert Meter davon entfernt ein Baum hell auf, mal auf der linken und dann plötzlich auf der rechten Seite, und schon bald darauf brannte der ganze bewaldete Berg. Mir war ganz ängstlich zumute. Robert und ich standen dicht beieinander und drückten uns gegenseitig: »Guck da, da, wieder eine neue Flamme. Und dort, guck, dort ist ein Haus in Gefahr, Menschen winken!«

Dann hörten wir zwei Flugzeuge, die abwechselnd ihre Wasserbomben über dem Haus abwarfen. Gerettet.

Am nächsten Morgen fuhren wir in eine palmenbewachsene Ebene. Es sind riesige Anpflanzungen und von hier aus werden große Palmen in alle Welt verkauft und verschickt. Dann waren wir in der Sierra Nevada: hohe Berge, tiefe Schluchten, eine karge, weite, grandiose Landschaft, die an viele Westernfilme erinnert. Überaus fruchtbare Hochebenen wechseln mit tiefster Einöde ab. Esel als Lasten- und Arbeitstiere und Reiter auf schönen, schwarzen Pferden gehören zum natürlichen Bild. Die Abbruchkanten der Berge sind aus weichem Gestein, die Menschen haben viele Häuser und noch mehr Vorratskammern hineingeschlagen. Sie brauchten dann nur noch eine Tür einzubauen.

Ein wunderschöner Morgen – es war noch schummerig und kühl. Die Dorfhunde waren damit beschäftigt, die Straßenränder nach totgefahrenen Tieren abzusuchen. Offensichtlich gab es dort immer genügend kleine Tiere, aber auch des öfteren junge Ziegen.

Viele Herden waren auf dem Weg in die Hügel und zu den abgeernteten Feldern, begleitet von einem Hirten, der sich auf einen langen Stock stützt, und von einem Hund.

Die Sonne ging über der Ebene orangerot auf und blendete uns. Dann war es hell und wurde heiß.

✲

Märchen aus tausend und einer Nacht wurden wahr auf dem Hügel bei Granada. Alhambra »Die Rote« – der Palast, die Burg, das Schloss, die Gärten, die Brunnen, die Mosaike, die Aussicht – dieser märchenhafte Anblick beflügelt die Fantasie. Maurische Könige herrschten im 14. und 15. Jahrhundert hier. Sie ließen mit orientalischer Prachtentfaltung Amtsräume, Harem, Gerichts- und Botschaftersaal wundervoll mit farbenfrohen Kacheln, hölzernem Stuck, Mosaiken, kunstvollen Inschriften, dem Myrtenhof und dem Löwenhof, samt seinem Brunnen mit den 12 Löwen aus schwarzem Marmor, gesäumt von 124 schlanken Marmorsäulen errichten.

Eine Wunderwelt. Eine Zauberwelt.

Nachdem auch wir königlich übernachtet hatten, fuhren wir über Ronda, das prachtvolle Felsplateaustädtchen, geteilt durch eine tiefe Schlucht, die von einer schönen alten dreibogigen Brücke überspannt wird, nach Gibraltar. Doch dieser Besuch war nur eine Auffrischung unserer Verlobungsreise vor 20 Jahren. Die Affen saßen und bettelten auch heute wieder auf ihren Felsen, präsentierten die gleichen Streiche: Sie klauten Handtaschen, Fotoapparate und Mützen. Die Straßen und Geschäfte waren immer noch »very british« und die an die Mauern geschmierten Parolen haben sich nicht geändert.

Zurück im Hafen, spucke ich einmal in den Atlantik: »Du kriegst mich nicht!«

*

Von einem Vorort Malagas aus wagten wir einen Reitausflug ins Hinterland. Da wir keine gelernten Reiter sind, schlossen wir uns einer geführten Gruppe an, die zu einem einsamen Gehöft wollte, wo man uns mit Sangria und einer Hähnchenpaella lockte. Robert wählte einen feurigen Hengst, ich bat um eine zahme Stute. Schnell merkte ich, dass meine ruhige Dame ganz vernarrt in den flotten Herrn war. Als die beiden Männer losgaloppierten, raste sie trotz meiner verzweifelten »brr – brr – brr«-Rufe hinterher. Von wegen stolze Amazone!

Jetzt hing ich wie ein nasser Sack auf dem Pferdehals, nichts war mehr chic. Ich war so dankbar, als wir endlich die Gäule im Schatten der Feigenbäume anbanden.

Am Ziel präsentierte uns die Spanierin stolz ein gackerndes Huhn, deutete an, es jetzt für unser Mahl schlachten zu wollen. Ich glaube, daraus ist dann ihr eigener Sonntagsbraten geworden, denn wir erhielten nach einer halben Stunde eine Paella mit viel Reis und festen dunkelfarbigen Fleischstückchen, die meiner Einschätzung nach Wildkaninchenknochen, aber keine Geflügelknöchelchen enthielten. Kräftig kauen mussten wir, doch nach einigen Gläsern Sangria waren unsere Ressentiments vorüber und das Mahl schmeckte hervorragend.

Es hätte wunderschön sein können, anschließend wieder durch die kargen Hügel mit der spätnachmittäglichen Sonne im Rücken zurückzureiten, wenn mir nur nicht mein wundgerittenes Gesäß so sehr den Spaß verdorben hätte.

Wir fuhren zur Costa del Sol zurück und traten die Rückreise an. Die Sonne schien zwar, doch am Himmel zeigten sich langgezupfte Wolken und herbstliche Winde trieben uns in großen Tagesetappen gen Norden. Die Umrundung des Ebro-Deltas, das 20 Seemeilen ins Meer hinausragt, hat einen ganzen Tag gedauert. Es war navigatorisch nicht ganz einfach, da das Land auf Höhe des Meeresspiegels liegt. Wir sahen Häuser, Lichtmasten, Büsche, die vom Wasser umspült werden. Wir mussten auf eine Seemeile dicht heran, um die Küstenlinie nicht aus den Augen zu verlieren. Am Abend nach dieser Anstrengung hatten wir enormen Hunger und Robert kochte. Es gab Schaumomelett, gefüllt mit kleingeschnittener Fleischwust, Zwiebeln, Knoblauch und Zucchini. Überbacken mit Käse. Ich hatte lange nicht mehr mit so gutem Appetit gegessen.

✲

Dann, eines Morgens, wir lagen noch in den Kojen, die ovalen Holzbrettchen steckten zur Verdunkelung noch von außen vor unseren Bullaugenfenstern, trippelte jemand leichtfüßig, doch kratzend über unser Deck. Es wurde etwas fallen gelassen, das dann klackernd seitlich wegrollte.

»Tripp, tripp, tripp – pick, klack, kuller kuller – tripp tripp, pick.« Dann: »Klopf, klopf, klopf«, und nochmals »klopf, klopf, klopf – pick, pick.« Ruhe.

Ein großer glänzendschwarzer Star (nicht einer von unserer kleinen nervösen nordeuropäischen Variante, ein südländischer schlauer Vogel hatte eine Nuss und wollte zum süßen Kern. Er ließ die Nuss auf etwas Hartes fallen.

Dann packte er die Nuss mit dem Schnabel und schlug sie immer wieder auf unser Deck.

Kein Seemannsgarn – er hat die Nuss geknackt!

✲

Unser letzter Ankerplatz in Spanien lag am Ende einer langen, felsigen Einfahrt in eine kleine Bucht vor einem malerischen alten Ort mit weißgetünchten Häusern an Gassen und Treppen: Cadaquéz – der Wohnort und Wirkungskreis des surrealistischen Malers Salvador Dalí. In jedem dritten Haus befindet sich eine Bildergalerie, in der Jünger Dalís ihre Werke anbieten. Wir erfuhren, dass der Charakter des Ortes und der Bucht durch eine Dalí-Stiftung erhalten wird.

Auf einer Speisekarte der örtlichen Restaurants entdecken wir wieder »schwarzen Reis«; der interessierte uns schon seit der Hinfahrt. Wir bestellten und ein Dalí-Verschnitt-Kellner servierte eine Pfanne mit Körnern, die in einer schwarzen Flüssigkeit schwammen, obenauf lagen drei, vier kleine Tintenfische. In dem Augenblick, als Robert sagte: »Ich weiß jetzt, was das ist«, wusste ich es auch. Es handelte sich bei der Farbe um die Tinte des Kraken. Etwas ganz Besonderes also und so schmeckte es auch. Wir kauten kurze Zeit mit langem Gesicht, spülten mit reichlich Wein nach und bezahlten dann viel Geld.

Wir wollten, aber konnten keinen Mittagsschlaf finden, es war so laut unter dem Schiff. Die Geräusche, die wir aus einigen Häfen und Buchten schon kannten – das Rollen der Kieselsteine im Hin und Her der Strömungen – nahmen zu. Es hörte sich an, als wollten sich Nagetiere durch die Schiffswand arbeiten, doch es waren Fische, die sich Leckerbissen vom Algenbewuchs oder den Pocken beißen, saugen, schlürfen. Kein Klopfen und Treten von innen gegen die Bordwand half, sie ließen sich nicht stören. Robert, der Macher, nahm auch diese Sache in die »Mache«, sprang ins Wasser und schon wurde es leise.

✲

Wir hatten nun wieder den »Löwengolf« zu überqueren. Gegen Mittag frischte es merklich auf, um 13 Uhr hatten wir schätzungsweise schon 8 bis 9 Windstärken. Die See baute sich gewaltig auf. Robert nahm das Besansegel weg. Das Boot schoss weiterhin mit 7 bis 8 Knoten dahin, der nächste erreichbare Hafen lag noch 20 Seemeilen entfernt. Wir entschlossen uns zu einem großen Reff im Großsegel. Die Geschwindigkeit reduzierte sich jedoch kaum. Wir hatten bereits alle Fenster und das Luk geschlossen. Während sich das Schiff ächzend und rauschend durch die Wellen schob, flog die Besteckschublade aus der Halterung und der Inhalt verteilte sich gleichmäßig, um dann durchs ganze Schiff zu kullern. Nach kurzer Zeit folgte die Schublade mit Suppendosen und Nudeln. Auch einige Bücher und der Lampenschirm gesellten sich dazu.

Ruhig wurde es nur, wenn sich ein Wellenkamm brechend aufs Vorschiff stürzte und dieses unter sich begrub. In diesem Moment verharrte das Schiff unter den Wassermassen, bis es sich mit einem fast schmatzenden Seufzer wieder befreite und das Wasser bis ins Cockpit schoss, wo es dank des offenen Spiegels schnell ablief.

Ich vergaß bei diesem grandiosen Anblick, seekrank zu werden. Angst hat uns damals wohl beide beschlichen! Im Hafen legten wir uns erst einmal in der Geborgenheit unserer verschlungenen Körper einige Stunden zum Schlafen hin.

Der Mistral hielt an und wir blieben im Hafen. Er heulte bereits den zweiten Tag und brachte eine eisige Kälte mit, trotz Sonnenschein und blauem Himmel. Port La Nouvelle, Perpignan und Narbonne kennen wir jetzt, da wir uns einen Busausflug nach Perpignan gönnten.

Hier wurden unsere Erwartungen vom Savoir vivre, der feinen Lebensart der Franzosen erfüllt. Mit gutaussehenden, freundlich lächelnden, geschmackvoll und chic gekleideten, leicht bohemen Franzosen aßen wir in einem Straßenlokal köstlichen Coq au Vin mit knusprigem Baguette und hinterher eine verführerisch gute Tarte aux pommes. Die Tischchen waren fein eingedeckt, als würden Hochzeitsgäste erwartet.

Freitag, 13. September

Einen weiteren Mistralabwartetag wollten wir nicht mehr einlegen. Narbonne kannten wir und auch die hinter uns liegenden Engländer mit ihrem roten Katamaran und einer äußerst hässlichen, vier Monate alten Tochter, konnten uns nicht halten. Sie hatten uns zum Tee eingeladen. Der Wohnrumpf ihres Bootes war schmal, ich musste auf dem Deckel der Chemietoilette sitzen und Robert auf den Treppenstufen. Das Baby stand im Kindersitz in der Abwaschmulde. Es roch fürchterlich nach Zwiebeln und gebrauchten Windeln. Glücklicherweise hatten wir den Kuchen selbst mitgebracht.

Wir beschlossen also, den Hafen zu verlassen. Unser Ziel Port d'Agde lag 25 Seemeilen bei raumschots-ablandigem Wind entfernt. Nur das Vorsegel, mit einem Reff, war gesetzt. Mit dieser kleinen Besegelung donnerten wir mit 9 bis 13 Knoten, eng an die Küste geschmiegt, dahin. Leider krängte das Boot so stark, dass das durch die Geschwindigkeit gedrückte Heck Wasser durch die Öffnung ins Cockpit sog. Durch die Schräglage lief es sogar in die Sitzbänke und weiter in die Bilge, so dass wir alle Augenblicke lenzen mussten.

Es war unheimlich. Hoffentlich hielt *Charly* diese Herausforderung durch! Robert und ich saßen mit Rettungswesten auf der »hohen Kante«, unten gurgelte das wilde Wasser.

Zu guter Letzt mussten wir in den Hafen und bis an den Liegeplatz segeln. Der Motor hatte durch die Schräglage kein Kühlwasser mehr bekommen und sprang deshalb nicht an.

Es ging alles gut und nachher freuten wir uns diebisch über dieses Abenteuer.

Unser erster Blick im Port von Cap d'Agde war auf das Hafenmeisterhäuschen gerichtet. Dort hatten wir vor einiger Zeit unseren Scheuerleistentampen fein aufgerollt hinterlassen. Er war aber leider nicht mehr da, deshalb mussten wir auf dem Rückweg mit Fendern anlegen. Schade. Der durchgehende dicke Tampen war genau das Richtige. Unsere Mastauflagen lagen dagegen noch unversehrt im hohen Unkraut. Nach dem Mastenziehen ließ Robert seine *Charly* mit dem Travellerlift aus dem Wasser nehmen, um endlich seinen selbstmontierten Klapppropeller zu überprüfen.

Plötzlich, fällt mir seine Ähnlichkeit mit einem Teddybär auf. Ihm sind in den letzten Monaten fast überall Haare gewachsen, außer auf dem Kopf – vielleicht trägt er doch zu oft eine Mütze. Blondgebleichte Haare auf nackter brauner Haut, auf den Knien und Oberschenkeln, die sonst von der langen Hose haarfrei gescheuert sind . . . er fühlt sich sehr kuschelig an. Ich küsse den Flaum auf seinem Bauch.

✲

Dann fuhren wir zur Abwechslung den Fluss Herrault hinauf, durch Agde, ein schönes Städtchen im alt-griechischen Baustil, und durch die bekannten Weinanbaugebiete. Es ist Ende September, Zeit der Weinlese. Wir besichtigen die Weinkellereien und testen den frischen Trauben- und den ausgeschiedenen Fruchtzuckersaft, er ist sehr süß. Kaufen auch reichlich »Vin gris« für die kommenden langen Herbst- und Winterabende.

Für einen zweitägigen Ausflug in den Canal du Midi nehmen wir den Kampf mit einer Kesselschleuse auf, ein kreisrundes Gemäuer, 1680 gebaut, heute ein Weltkulturdenkmal. Und unsere liegenden Masten stehen vorne und hinten über, also ist kein Anlagen möglich. Mit laufender Maschine halten wir uns in der Mitte des Wassers. Wir durchqueren den Binnensee – Etang de Thau – und übernachten im urigen Hafen von Mèze. Hier leben die Menschen vom Ertrag ihrer Austernbänke. Austern, Austern, Austern, sie stehen vor jedem Haus in Körben, daneben steht ein Bistrotischchen, darauf Brot und Wein. Die Austern schmecken köstlich und sind wirklich frisch.

Bei diesem in Zitronensaft getränkten Abendbrot lernen wir Nadine und Dieter aus Lyon kennen.

Nadine, 24 Jahre alt, studiert Psychologie und kann etwas Englisch. Dieter ist Klempner, 28 Jahre alt, und er fragte sofort, ob »sanitär« auf unserem Schiff alles in Ordnung sei. Wir verabreden uns zum gemeinsamen Bootfahren am nächsten Morgen. Beide sind zum erstenmal per Boot unterwegs. Sie versprachen, für ein gemeinsames Frühstück zu sorgen. Wir verabschiedeten uns mit Franzosenküsschen und staunten am nächsten Morgen nicht zu knapp. Sie hatten zwei Flaschen Weißwein und vier Himbeertörtchen in den Händen! Doch dann tauchte Dieter ins kristallklare Wasser, holte Muscheln vom Grund, brach sie sofort mit einem Klappmesser auf. Das war unser Frühstück!

Mon dieu.

Weiter ging es durch den Sète-Rhône-Kanal. Nebelschwaden steigen aus den Ufersenken empor, es herbstet.

Am Dienstag, dem 27. September, erreichten wir Aigues Mortes, dessen riesige, gut erhaltene Stadtmauer den ganzen Ort umfasst. Wir kauften uns bei dem überaus höflichen, immer lachenden, etwas verrückten Schlachter eine Quiche jambon.

Mittwoch starteten wir zu einer Fahrradtour durch die Petit-Camargue nach Le-Grau-du-Roi, um uns so auf angenehme Weise vom Mittelmeer zu verabschieden. Höhnisch lag es mit einer sanften Brise und nur leicht gekräuseltem Wasser still vor uns. Ach hätten wir es doch öfter so erlebt! Dabei kamen wir an einer Fischerhütte vorbei und vier große und mindestens dreizehn junge Katzen liefen uns entgegen. Sie freuten sich, mauzten, bettelten, waren hinreißend und zutraulich, spielten mit meinen Schuhbändern und tatzten nach den Reifenventilen. Einfach herzerweichend süß. Hätte ich mir eine aussuchen wollen, hätte ich nicht gewusst, welche ...

Die kleine Schwarzweiße mit dem kranken rosa Ohr? Sie stand die ganze Zeit auf meinem Fuß und schnurrte, doch sie war von einer Narbe hässlich entstellt. Oder den fast verhungerten, unterentwickelten kleinen Tiger mit dem Kugelbauch, der am Ventil zerrte? Oder eine von den etwas größeren Rotbraunen, die so klug dreinschauten? Alle hatten Katzenschnupfen, eine ansteckende, oft tödliche Krankheit. Lieber schnell weiter und nicht darüber nachdenken.

Auf der anderen Seite des Kanals, an der Straße der Salzsalinen, zogen sich, so weit das Auge reichte, Salinenfelder hin. Dort wird Seewasser auf die Felder gepumpt und es steht dort so lange, bis durch die Verdunstung eine starke Salzschicht bleibt, die dann mit großen Maschinen abgetragen und als »Meersalz« teuer verkauft wird.

In Aigues Mortes besichtigten wir den alten Leuchtturm und das Gefängnis, das zur Zeit des Schismas für Andersgläubige kein angenehmer Aufenthaltsort war. Immer wieder stößt man im Mittelmeerraum auf Bauwerke aus den Zeiten, in denen grausame Kirchenfürsten blutig gegen vermeintliche Gegner vorgegangen sind und alle Hugenotten vertrieben wurden.

Zwei Nächte träumte ich dann von den kleinen, unbedarften Miezen und immer wieder tauchte der getigerte

Winzling vor meinem inneren Auge auf und rief: »Rette mich!« Aber ebenso laut meldete sich meine Faulheit zu Wort: »Denke an deine gestörte Nachtruhe, die gefährlichen Straßen, die Vögel, die bösen Nachbarn, Krankheiten, Tierarztbesuche, Probleme beim Reisen und so weiter . . .«

In St. Gilles machen wir halt – ich will eine kleine Seele betüdeln, jetzt sofort und auch zu Hause. Ein Haus ohne Tier ist nicht lebendig! Zum Glück war Robert auch für den neuen Hausgenossen.

Wir besorgten einen Pappkarton und legten ihn dick mit Zeitungspapier aus. Mit einem Taxi (für 250 Franc!) fuhren wir zurück. Der Taxifahrer war sehr verstört, als er in dieser Einöde halten und warten sollte. Eine Kaution verlangte er aber nicht. Im Eilschritt rannten wir zur Fischerhütte. Die Miezen mußten erst gerufen werden, aber eine nach der anderen kamen sie von ihrem Mittagsschlafplatz angerannt. Nur der kleine Wicht aus meinen Träumen hatte verpennt und zottelte mit wackeligem Hinterteil und verklebtem, dürren Schwänzchen als Letzter hinterher.

Zu unserer Erleichterung – denn eine Mieze stehlen wollten wir nicht, hätten es aber im Notfall getan, kamen der Fischer und sein Sohn in diesem Augenblick nach Hause. Alle Katzen liefen ihnen sofort entgegen, denn sie bekamen die unverkäuflichen Fischreste. Als ich meine Absicht kundtat, eine der Katzen zu kaufen, schaute der Fischer erstaunt seinen Sohn an, schmunzelte und sagte: »Nehmen Sie einfach zwei oder drei mit.«

Ich aber weiß aus Erfahrung – zwei Tiere, zwei Sorgen – und nahm deshalb nur meinen getigerten Winzling auf den Arm und taufte ihn »Gilles«, nach St. Gilles, wo er an Bord gehen sollte. Fragte noch nach dem Geschlecht, da ich zu gerne ein Mädchen wollte: »C'est une madame?«

»Madame? Non! Mademoiselle«, scherzte der Fischer.

Dann kam Mademoiselle Gilles in einen Pappkarton. Geld nahmen die Männer nicht, zwei Schachteln spanische Zigaretten regelten das Geschäft zur gegenseitigen Zufriedenheit und der Fischer lockte alle anderen Katzen fort, damit ihnen der Abschied nicht so schwer wurde.

Im Taxi drangen aus dem Pappkarton nicht nur gewaltiges Fauchen und Maunzen, sondern nach kurzer Zeit auch ein durchdringendes Geruchsgemisch aus Pipi, Kot und erbrochenem Fisch. Wir grinsten tapfer dem Fahrer zu, doch der Gestank wurde immer extremer. Auf dem Schiff erhielt der Winzling ein warmes Reinigungsbad; er zeigte einen enormen Durst auf Süßwasser und auch sein Appetit war gleich wieder da. Und das hat sich bis heute nicht geändert. Katzenklo – kein Problem... Doch nach ein paar Tagen zeigte starkes Niesen die Krankheit an und ich eilte in Valence mit Gilles zum nächsten Tierarzt: Impfung gegen Katzenschnupfen, Entwurmung, Entflohung und Ohrenreinigung machten einen »neuen Menschen« aus ihr.

Erstes Postscriptum:

»Mademoiselle« Gilles zeigte nach einer Zeit des Gepflegt- und Gehegtwerdens beim ersten großen Pelzputz, dass sie ein »Monsieur« ist.

Zweites Postscriptum:

Beim Nachschlagen im französisch-deutschen Wörterbuch fand ich »Gilles« übersetzt mit »Hanswurst« und »armer Tropf«.

✲

Ein verlockend romantischer Seitenarm der Rhône brachte uns erneut vom direkten Heimweg ab.

Es war spätnachmittags und wir wollten unbedingt die Wanderschuhe anziehen und uns an diesem herrlich sonnigen, herbstlichen Abend zu Fuß durch die Natur bewegen. Der grüngesäumte Wasserarm versprach eine lauschige, ruhige Nacht ohne Wellenbewegung durch andere Schiffe. Er war sehr flach, unser Echolot piepte warnend, doch Robert kurbelte das Schwert noch ein paar

Zentimeter und noch ein paar Zentimeter höher. Ich steuerte, plötzlich machte *Charly* einen »Hubs«, knirschte mit dem Unterkiefer, doch bevor der Käpt´n fluchen konnte, schwammen wir schon wieder frei und auf einen kleinen Anleger zu. Dort blickten wir in staunende und überraschte Gesichter der Anwohner – ein so großes Schiff hatten sie noch nie in ihrem Wässerchen gesehen.

»Wie um alles in der Welt habt ihr es bis zu uns geschafft?«

»Mit einem kleinen Hubs!«

Am nächsten Morgen aber ging nichts mehr mit »Hubs« und auch nichts mit »Schubs«. Ein Kraftwerk lag ein paar Kilometer höher am Flüsschen und hatte über Nacht eine Menge Wasser verbraucht. Um uns herum ragten Steine aus dem Wasser. Wir fanden keinen Weg zurück. Gespenstisch wurde diese vertrackte Situation durch immer näher kommende Geräusche von Gewehrschüssen, Hundegebell und Rufe von Jägern und Treibern.

»Poff, poff, poff...«

Natürlich würde niemand mit einem feststeckenden Schiff rechnen und so sah ich uns schon mit Schrotkugeln im Rücken und Kräuterbüscheln der Provence in den Mäulern als Jagdgut daliegen.

Dann traten die Jäger aus dem Dickicht und amüsierten sich prächtig. Sie kannten ihr Revier gut und lotsten uns auf ihre Seite, dicht ans Ufer.

Robert stieg ins Wasser. Mit der Pekhakenstange vor sich die Tiefe lotend, folgte er den Anweisungen der Jäger und ich steuerte das Boot.

✲

Im Oktober die Rhône hoch, also gegen die Strömung zu fahren, war nochmal eine Herausforderung des Teufels. Satanische Gewitter zeigten uns sechzehn Stunden lang den Pferdefuß. Unmengen Regen fielen vom Himmel. Der Fluss schwoll unter diesen Wassermassen zu einem reißenden Strom an. Große Bäume schwammen zu Tal. Die Schleusen stellten den Betrieb ein und ein Schifffahrtsverbot wurde ausgesprochen. Unsere Kinder hatten zu dieser Zeit Herbstferien und wollten nochmals ein Stück mitfahren, doch es wurden nur Fußmärsche in die unmittelbare Umgebung von Valence daraus. Dennoch verlebten wir zu fünft eine schöne Zeit. Unser Gilles-Baby stand im Mittelpunkt. Er war immer gut gelaunt, munter und ausgelassen, kickte mit lautem Getöse eine Mandel durchs Schiff und spielte mit Begeisterung »Schildkröte«. Dazu krabbelte er unter einen Kuchenpappkarton und schob damit durch die Kajüte. Zum Schlafen hatte er einen anderen Pappkarton mit Eingangsloch, der im geheizten Mittelschiff auf der Sitzbank stand und ausgefüttert war mit einem meiner Pullover und einer getragenen Wollsocke von Robert. Bis heute ist er wild nach Pappkartons und getragenen Socken!

✲

Am 14. Oktober, die beiden Kinder saßen schon wieder in der Eisenbahn in Richtung Heimat, taten wir uns mit zwei weiteren Segelbooten zusammen und wagten nun gemeinsam den Weg gegen die Strömung. Wehe ein Motor würde ausfallen! Dann müssten unsere Begleiter sofort bereit sein, Leinen rüberzuwerfen. Unter Brücken, zwischen den Brückenpfeilern, hatten wir oft das Gefühl, rückwärts zu fahren. So langsam kamen wir gegen den Strom an, während rechts und links Gestrüpp und Abfall vorbeischossen. Aufmerksam umrundeten wir den »Schiet und Dreck«, speziell die Plastiktüten, damit nichts davon in die Schraube geriet. Als wir endlich die ruhigere Saône erreichten, war dringend ein Ölwechsel fällig, die schmutzigste Arbeit beim Motoren, die alle 100 Motorstunden notwendig wird.

Schwarz, schwärzer als die mondlose Nacht, heiß, flüssig, färbend, gut haftend – ganz speziell in den Handrillen, Nagelhäuten und unter den Fingernägeln – war das alte Öl, das Robert mit Hilfe einer kleinen Pumpe in alte Flaschen abfüllte. Das hört sich so einfach an, aber der Ölfilter muss ertastet und abgedreht werden, dabei läuft immer etwas daneben oder tropft auf die frisch bezogenen Betten und in die Zwischenräume der Zeitungen, die ich vorsorglich auf den Fußboden ausgebreitet habe.

Ich putze und putze.

Und auch bei diesen »innerhäuslichen« Arbeiten sind Robert und ich ein wirkliches Team und abschließend steht immer warmes Seifenwasser für den »beschmierten Maschinisten« bereit.

Dann zogen wir schnell durch die herbstlichen Kanäle, sahen kein Wasser mehr, sondern bunte Blätter vor dem Schiff. Das Laub der Bäume breitete einen braunroten Teppich für uns aus. Mit einsetzender Dunkelheit erreichen wir die mit Blättern abgedeckte Schleuse einer kleinen Ortschaft.

Da unsere Vorräte nicht für ein Abendessen reichten, wollten wir zum Essen gehen. Ich lief von der Schleuse zur Dorfstraße, um nach einem Restaurant Ausschau zu halten. Robert suchte derweil einen Übernachtungsplatz. Es wurde schon Dunkel und ich musste mich entscheiden: rechts den Hügel hinauf oder links hinunter? Ich wanderte die Straße hoch, traf keinen Menschen, die meisten Häuser standen leer, durch Landflucht verlassen wie fast überall. Aus den wenigen noch bewohnten Häuschen schimmerte nur ein matter Schein vom Licht oder vom Fernseher durch die zugezogenen Gardinen und Fensterläden. Falsche Richtung! Hunde knurrten und kläfften mir nach. Plötzlich war es dunkle Nacht, es gab keine einzige Straßenlaterne im ganzen Dorf. Der Mond war verdeckt, mir wurde ganz unheimlich zumute – ein Geisterort!

Hinter den schwarzen Türen hörte ich Geräusche von mampfenden, mahlenden, wiederkäuenden Kühen. Einmal ein gedämpftes »Muh«. Dann plötzlich gab es ein schepperndes Geräusch, erschrocken drehte ich mich um – ein Bauer mit Melkeimer in der Hand kam schnell auf mich zu. Sollte ich weglaufen?

»Wünschen Sie zu speisen?«

Oh, der Allwissende in Person! »Ja, ich suche ein Restaurant.«

»Kommen Sie um 20.00 Uhr an diese Tür, meine Frau kocht etwas für Sie.«

Völlig irritiert sagte ich: »Merci.« Und: »Wir kommen zu zweit.«

Dann erspähte ich an der Hauswand so etwas wie eine Speisekarte. Ein geschlossenes Restaurant.

Nachdem ich Robert alles erklärt hatte, sagte er: »Wir können doch unmöglich in ein nicht geöffnetes Lokal gehen, das ist mir unangenehm.«

»Aber ich habe zugesagt.«

Wie zwei Einbrecher schlichen wir zurück zur dunklen Häuserfront. Die Tür öffnete sich nach meinem zaghaften Druck auf die Klinke und der Mann, immer noch in seiner Melkkleidung, bat uns lächelnd in die hintere Wirtsstube. Nein, Wirtsstube ist nicht richtig, es war ein Festsaal mit Bühne. Viele Stühle waren auf die Tische gestellt, andere mit feuchter Wäsche behängt. Ein großer Tisch, spärlich beleuchtet, war für »König und Königin« festlich mit weißen Linnen eingedeckt. Madame hantierte in der großen einsehbaren Küche. Was für eine Stimmung! So etwas hatten wir noch nie gesehen. Ohne nach unseren Wünschen zu fragen, wurden uns ein Krug Wein und ein noch größerer Krug mit kühlem Wasser, ein Laib frisches Brot, Salz und Butter auf den Tisch gestellt. Schnell folgte die Vorspeise: in Gelee eingelegter Salm.

Wir sahen uns an und sagten: »Wir möchten gar keinen Salm.«

Aber Madame erwiderte nur: »Probieren Sie, ich habe ihn selbst eingelegt, der Fisch ist aus dieser Region.«

Er schmeckte köstlich, zerging auf der Zunge. Robert erbat sich eine zweite Portion und einen zweiten Krug Wein, während wir auf das Hauptgericht warteten, das verlockend aus der offenstehenden Wohnküchentür duftete. Der Bauer saß gemütlich Zeitung lesend an dem mittig stehendem Küchentisch mit Wachsdecke. Ein auf Rindfleischbasis gekochter Gemüseeintopf, überreichlich dimensioniert in einer großen schönen Deckelschüssel wurde heiß dampfend serviert. Wir waren gesättigt und zufrieden, aber mussten auch noch ein Pflaumenkompott testen. Wir hatten die beste Köchin der Welt gefunden. Nach einem selbstgebrannten klaren Schnaps aus gepressten Weintrauben mit Kernen und Strunken, setzte Madame sich zu uns an den Tisch und schrieb mit kleinem spitzen Bleistift in eine karierte Schulheftkladde die Rechnung.

Wir hatten gespeist wie »Gott in Frankreich«, im ungewöhnlichsten Ambiente, und bezahlten umgerechnet DM 13,75 für alles!

✲

In den nächsten Tagen studierten wir mit Gilles einen Dressurakt ein. Uns begleitete schon seit mehreren Tagen eine überaus lästige Fliege, die war so gewitzt, dass sie sich am Tage, wenn Bullaugen und Luk geöffnet waren, versteckte. Erst abends, wenn es für uns gemütlich werden sollte, flog sie umher und störte.

»Da, Fliege!«, rief ich.

Gilles Blick wurde starr, die Minischwanzspitze schlug nervös und er setzte zum Sprung an – beinahe hätte er sie erwischt.

»Da, Fliege, Fliege«, alarmierte nun auch Robert den kleinen Kater und zeigte mit dem Finger die Richtung an.

Unser Schüler raste die umwickelte Maststütze hinauf – nur Millimeter trennten ihn vom fliegenden Dessert. Und diese schlaue französische Fliege lernte schneller als unser kleiner Liebling. Am nächsten Abend flog sie schon bei unserem ersten »Da, Fliege« einen Meter weiter. Die kannte ihren Namen schon genau.

Wesentlich erfolgreicher war Gilles allerdings bei der Vorreinigung der Teller. Mit seiner rauhen Zunge wäscht er gründlicher ab als jede käufliche Bürste. Ich verbrauchte von da an nur noch wenig heißes Frischwasser mit einem kleinen Schuss Spülmittel.

*

Dann mussten wir uns beeilen. Es war schon der 30. Oktober, als wir in die Mosel einbogen, der Winter war da.

Wir froren tags und nachts, selbst mit Schlafmützen auf dem Kopf. Morgens war das Boot von einer dicken Raureifschicht überzogen. Wir fuhren den ganzen hellen Tag, leider wurde es bereits früh dunkel. Doch wie alles im Leben hatte auch diese Schwierigkeit ihre zwei Seiten: Wir hatten viel Zeit, uns an dem Kätzchen zu erfreuen. Robert erfand einen »Kratzbaum« für Gilles. Das Metallrohr, als Stütze für die nun wieder liegenden Masten, reichte ja durch bis auf den Fußboden der Kajüte und so umwickelte er es fest mit einem Tampen. Gilles konnte die kleinen Krallen daran wetzen, hoch und runter toben und erhielt eine unvergleichliche Aussicht auf den Esstisch.

Er fraß mit Vorliebe französischen Käse und deutsche Fliegen. Sie sind langsamer und dicker als ihre französischen Kollegen.

Ein vielfach zusammengeknotetes Taschentuch ersetzte lebensecht die Maus, mit der die Freiwache in der Aufwärmphase Gilles auf Trab hielt.

Letztes Kapitel

Es ist der letzte Novembertag. Vergangene Nacht legte sich der erste Schnee mit dicken weichen Flocken leise ins Cockpit und morgen werden wir im warmen und trockenen Zuhause sein. Frühmorgens hatten wir das Schiffshebewerk Scharnebeck rückpassiert und Nebel stieg über die weißen Wiesen. Doch beim Einbiegen in die Elbe ist die »Waschküche« dicht. Einige Binnenschiffer sind schlau, sie ankern und warten.

Doch unsere Freedom und die Besatzung wittern »Heim-Stall-Geruch«, wollen nach Hause, biegen vorsichtshalber im großen Bogen links in die Elbe, elbabwärts, und: Rumps – Krach – Bums, alles fliegt nach vorn und dann zurück – das Boot ist aufgelaufen! Der Vorsichtsbogen war zu weiträumig. Auf der Lauenburger Seite sitzen wir jetzt auf dem Stack. Ich rette zunächst Monsieur Gilles und verstaue ihn in seinem Korb. Dabei denke ich: Moses schwamm und überlebte im Weidenkörbchen und wenn ich den Korb hoch halte, kommen Gilles und ich auch an Land! Dann pumpen Robert und ich das gelbe Schlauchboot auf.

Sichtbaren Schaden oder Wassereinbruch haben wir nicht – also Gas rückwärts. Doch nichts rührt sich. Robert steigt ins Wasser, aufs Stack, versucht Steine wegzuräumen. Ich habe Angst um ihn. Nichts passiert.

Also steige ich (Kapitäne bleiben ja bekanntlich im sinkenden Schiff) ins Schlauchboot, rudere ans Land, stiefele zu den zwei Häusern in der Ferne.

Ich läute, bitte um Einlass, um mit der Wasserschutzpolizei zu telefonieren. Doch der nette Hausherr fährt mich selbst zur Lauenburger Wasserschutzpolizeistation und kurze Zeit später bin ich mit drei Seebären per Blaulicht (das sowieso keiner sehen kann, denn die Sicht ist gleich null) im Polizeiboot auf dem Rückweg.

Milchiges Schweigen!

Die Herren in Uniform sagen nicht: »Wie konnten Sie auch losfahren!«

Vielleicht sagen sie es nicht, weil ich ziemlich verzweifelt bin.

Endlich, im Funkkontakt mit Robert und mit dem Radar, tasten wir uns heran und auf einmal liegt *Charly*, immer noch Nase hoch, vor uns. Zum letztenmal auf dieser Reise werde ich hysterisch: Mein Kätzchen klettert munter auf Deck herum. Meine Schreie durchschneiden den Nebel, bevor irgendwelche anderen Befehle gegeben werden können: »Robert! Sofort die Katze ins Körbchen!«

Dann fliegt die Abschleppleine und es geht Volldampf voraus. Vom Segelschiff entsetzliche Laute: »Knirsch – krach – schrap.« Robert verschwindet plötzlich im Schiffsinneren. Gespenstische Ruhe und trotzdem spüren wir dort drüben Hektik.

Dann endlich erscheint er wieder an Deck und ruft: »Wassereinbruch!« Und ist wieder weg.

Das Polizeiabschleppboot verringert das Tempo und bringt uns auf die andere Elbseite in einen kleinen Nothafen. Robert vertäut *Charly* recht gründlich in flachem Gewässer. Das Echolot ist herausgerissen. Das Loch kann aber mit einem Sofakissen, dem großen Holzbrett aus der Küche und Gegendruck verstopft werden. Trotzdem schlafen wir unruhig.

✲

Fast 8.000 Kilometer haben Robert und Erika mit ihrer *Charly V* mal mehr und mal weniger langsam hinter sich gebracht.

In Finkenwerder müssen wir anlegen. Unser kleiner Passagier hat sich seiner Pflegemutter angepasst. Gilles hat eben auch nur das »Binnenschifffahrtspatent«. Hier in der Elbe, im Hafen, wo Ozeanriesen Querwellen hinterlassen, kotzt er sich seine kleine Seele aus dem Leib. Ich bugsiere ein Fahrrad von Bord, klemme Gilles in seinem Katzenkorb auf den Gepäckträger. Denn er hat mir verraten: »Ich lege keinen Wert darauf, die Elbe noch bis Glückstadt kennenzulernen. Bin mehr gespannt auf unser festes Zuhause.« Wir beide überqueren den Fluss mit der Fähre in Richtung Teufelsbrück. Dann trete ich kräftig in die Pedale und schon bald genießt er es, sich durch ein unbekanntes Haus zu schnüffeln. Ein großes Schild hängt über der Tür:

»Herzlich willkommen.«

Wir sind gern wieder zu Hause.

Zum Wünschen und Schenken

Geschichten, die das Segeln schrieb

MARLIES GRABAU
Das haut doch keine Seefrau um
Erlebnisse einer leidgeprüften Bordfrau
Humorvoll erzählt die Autorin von ihrem Erleben als Bordfrau in Ostsee-Revieren.
132 Seiten mit 20 Zeichnungen, gebunden
ISBN 3-7688-1095-X

GÜNTER WÄTZIG
Müller-Thurgau & Oliven
Segelimpressionen
Geschichten zwischen Bodensee und Ionischem Meer mit Lieblingsrezepten des Autors.
160 Seiten mit 6 Karten und 14 Rezepten, gebunden
ISBN3-7688-1076-3

WOLFGANG BLANKE
Aussteigen oder von der Philosophie des Fahrtensegelns
Eine brillante Erzählung, die die Seele auf die Reise schickt für Segler und alle, die davon träumen, einmal auszusteigen.
120 Seiten mit 23 Illustrationen, gebunden
ISBN 3–7688-1023-2

MANFRED FUCHS
Herrentörn auf Krankenschein
Segel-Kapriolen in der Adria
Ein Lesespaß für echte Segler, von hohem therapeutischen Wert mit garantiertem Schmunzeleffekt.
176 Seiten mit 7 Illustrationen, gebunden
ISBN 3-7688-1147-6

HARALD SCHWARZLOSE
Klampes Geschichten
Die Erlebnisse des Fahrtenseglers Wegerich Klampe
In seinen Abenteuern findet sich so mancher Leser wieder: lachen über menschliche Schwächen und Pannen, vor denen niemand sicher ist.
144 Seiten mit 19 Zeichnungen, gebunden
ISBN 3-7688-1049-6

Erhältlich im Buch– und Fachhandel oder direkt beim Delius Klasing Verlag
Postfach 10 16 71, 33516 Bielefeld

DELIUS KLASING